和孩子一起定制未来

杨 明 著

图书在版编目(CIP)数据

和孩子一起定制未来/杨明著. —北京：北京大学出版社，2019.11
（向日葵国际教育丛书）
ISBN 978-7-301-30632-1

Ⅰ.①和… Ⅱ.①杨… Ⅲ.①青春期–家庭教育 Ⅳ.①G782

中国版本图书馆CIP数据核字（2019）第171334号

书　　　名	和孩子一起定制未来 HE HAIZI YIQI DINGZHI WEILAI
著作责任者	杨　明　著
策划编辑	冉孟灵
责任编辑	唐知涵
标准书号	ISBN 978-7-301-30632-1
出版发行	北京大学出版社
地　　　址	北京市海淀区成府路205号　100871
网　　　址	http://www.pup.cn　新浪微博:@北京大学出版社
微信公众号	科学与艺术之声（微信号：sartspku）
电子信箱	zyl@pup.pku.edu.cn
电　　　话	邮购部010-62752015　发行部010-62750672　编辑部010-62753056
印刷者	北京鑫海金澳胶印有限公司
经销者	新华书店
	787毫米×1092毫米　16开本　10.75印张　200千字 2019年11月第1版　2019年11月第1次印刷
定　　　价	49.00元

未经许可，不得以任何方式复制或抄袭本书之部分或全部内容。
版权所有，侵权必究
举报电话：010-62752024　电子信箱：fd@pup.pku.edu.cn
图书如有印装质量问题，请与出版部联系，电话：010-62756370

前　言

1. 我以为自己和孩子沟通得很好，但最近我们之间发生了几次严重的矛盾，我才发现其实我并不了解她。她在日记中也表露出很恨我。我该怎么办？

2. 我家孩子读初一，在外人面前她表现得挺乖，跟我的关系也很好。但是每次放学回家她都直接关上房门，也从来不做家务，我和她聊天她也爱搭不理，像换了个人似的，我现在都觉得我们营造的表象下面暗流涌动，关系不正常。

3. 我的儿子上初二，爱玩游戏，不爱看书，不爱学习。对我这个母亲的态度也是冷漠、熟视无睹，做错了事也从不道歉！

——家长互动时向我提出的问题

在将近15年的国际教育经历中，我经常会遇到一些渴望解决孩子问题的家长，这些家长大多都是自己所在行业或者机构里的佼佼者，但是他们在我面前谈及自己的孩子时，则表现得焦虑不安，特别寄希望于某个机构、某个组织甚至某个人用一剂灵丹妙药一劳永逸地解决他们和孩子之间出现的问题，哪怕付出很大

代价也在所不惜。当我面对他们的孩子时发现，虽然他们各不相同，但这些孩子身上无一例外地表现出一种属于青春期阶段的灵气，即便是最让父母无计可施、气急败坏的孩子，身上也都有许多一眼可见的优点。

为什么两方本来应该相互热爱、相互理解，并且相互支持地走过人生旅程，却在孩子成长的最重要阶段相爱相杀、往复循环，好像永不结束？我遇到过被送到美国读初中，父母无法陪读，本人因不能融入新环境、新生活，而不得不辗转多国求学，却始终在学业上无法突破的孩子；我遇到过与父母关系紧张，乃至过于孤独自闭，将发型弄得跟恐怖片里的贞子一样，就为了可以不与周围的人（主要是针对父母）交流的孩子；我遇到过因为孩子语言不过关送去国外又不得不回国学习，家长一掷千金要求语言培训机构把孩子的吃喝拉撒都解决掉，但就是拒绝让孩子回家的家庭。我不知道这些孩子曾经有多让家长失望，不过到底有多大的失望，才会表面上予取予求，内心却已经对他们完全放弃。这个世界有许多标准来衡量孩子是不是乖、是不是好、是不是优秀，却没有多少标准来衡量父母是不是合格。可能够解决青春期问题的关键恰恰就在父母的身上。

1. 当有多个工作机会时应怎么取舍，应该优先考虑什么？
2. 企业招聘最看重的是哪一类人？看重这些人的哪些方面？

3. 企业最希望毕业生有哪些方面的能力？
　　——即将进入职场的大学生互动时向我提出的问题

　　做了20多年的人力资源管理，在职场当中我遇到过形形色色的人，虽然进入民营机构以后，人员流动的常态化曾经让我感觉，自己付出的心血很可能并不会100%给所在机构带来直接的收益，但是"能够让更多的人拥有职业竞争力和社会竞争力，就是个人对社会的一份贡献"这个信念，让我不断产生探索更高效地为社会培养人才的方法的欲望。探索针对未来，但如果不能先回头探查原因，就根本无法发现问题的症结所在和解决问题的办法，最终我开始追溯人们的心路历程，体会和总结种种在人生初期的经历、经验对人们现在行为或多或少的影响。我不是心理专家，没有能力去探索终极的心理问题，能够做到的就是尽自己所能帮助别人去发现曾经的美好，忽视过去的种种黑暗面。但是工作成果相对于努力而言非常不成正比，尤其发现青春期中形成的许多意识、观念其实是最难改变的。所以能不能提前帮助更多人在青春期就开始建立正向思维的能力，让他们逐步知道"自己从哪里来？是谁？要往哪里去？"就变成了一个长久以来一直萦绕在我心头的问题。

　　1. 可以不以你自己的出发点去看我的话吗？可以不用你自己

的道理把我想表达的意思掩盖过去吗？

2. 你不是一直觉得我不聪明又自以为是吗？好啊，那我就做给你看喽。

3. 想要揪住我的一个失误吗？然后批评我，给我讲一番道理？

——与女儿沟通时，她向我提出的问题

做了20年的父亲，之前许多有关孩子学习、生活的事情都是夫人做得更多一些，尤其是在孩子因为无法在北京参加高考而由夫人带回到家乡就读后，我虽然每天都与她们通电话、视频聊天，但总体来说其实我做得很少。直到女儿出国前一年半回北京学习英语，而夫人则被派往国外支教，在这一年多我和女儿两个人才真正做到了完全的、无可替代的朝夕相处——每天背单词，讨论出国留学，每天一起上下班（她在我所在的机构学习），每天讨论中午和晚上吃什么。为了做出一份合格的留学申请文书，讨论细节时，我才知道许多她之前不曾说过的社会活动经历；在帮助她渡过艰难时期（考试在即，家人去世）的过程中，我才知道她为了自己的梦想是如何用尽全力的；为了能够让她开心，我去买了圣诞树作为礼物，才知道她其实已经不在乎这些形式，更重视能够跟我共享一段快乐时光；为了能够让她坚持把人生当中第一份全职实习工作按照约定做完，我们爆发了记忆中最激烈的争吵，才知道在她的内心深处觉得我在这件事上对她没有足够的支持和信心。这些都让我思考良多，其实许多时候家长给予孩子们的并不是他们真正想要的，而我们却仍然傲慢地认为自己最了解自己的孩子。

虽然中国有一句话叫"儿孙自有儿孙福"，但事业成功弥补不了家长在子女身上的遗憾；路易十四曾说过一句话——"我死之后，哪怕洪水滔天"，但是父母老时仍然少不了子女的陪伴。为什么不从此刻、从自己开始进行改变？让孩子成为我们的骄傲，让家庭成为孩子最爱的地方，我们可以征服星辰大海，也应该有能力让孩子热爱自己的家庭。

与自己孩子的大量互动、与其他家长和孩子的沟通、参与大量学校讲座时与在校学生的交流等使我产生了写作本书的动力，并希望通过这本书解决以下一些问题：

1. 家长如何在更广阔的视野中看待孩子的青春期、建立策略性思维，并从一开始就找对方向？
2. 家长如何在孩子的青春期找到适合自己的角色？
3. 家长要怎么做才能扮演好自己的角色？具体做什么？
4. 一旦家长能够做好自己该做的事情，孩子会怎样回应？

让我们一步步看一切是如何发生和变化的。知道并不难，但

是做到很难,难就难在没有人保证你按照知道的做,就一定会成功!那么该怎么办呢?其实很简单,不要相信任何人,只相信自己的付出、真诚与坚持,相信自己的孩子是最棒的!

每当我在面临与孩子的沟通出现困难时,都会回忆自己在职业生涯当中最艰难的时刻,坚信既然我可以证明自己是一个合格的职业人,那么同样可以努力去做一个合格的父亲。

目 录
Contents

前言 / 1

① 如何帮助"青春期"的孩子提升社会竞争力 / 1

　　针对新的关系和定位，家长要放弃巨人的身份和心理，既然父母不可能在身高、力量、速度、智力上完胜孩子，也就应该早点放下身段，担当另外一个角色。这个角色是什么呢？应该是教练。教练是什么？一个好的教练自己可能不是冠军，但是他能够培养出好的运动员，甚至世界冠军。父母望子成龙和望女成凤的心理，其实不就是教练面对运动员时的心理吗？

② 打开他的眼与心——让孩子重新发现世界 / 21

　　孩子在进入青春期后，他们会发现许多事情有了新的含义，许多事情换一种处理方式会有新的结果和新的含义。因此，对孩子而言，青春期其实是他们经历的一次探险。

③ 体验中发现自己——让孩子重新认识自己 / 39

　　优秀的教练调教运动员的一个重要内容就是让他通过训练对自己有一个非常清晰的认识，认识到自己的特性，哪个肌肉群对赢得比赛更有帮助？哪方面的能力

还有发挥的余地？而这一余地如果完全发挥出来，可以让成绩得到何等突破？同样，作为父母就要帮助孩子在青春期时正确认识自己，知道自己是"谁"。

❹ 找到属于自己的降落伞——让孩子勾画属于自己的职业未来　　/ 59

那么父母该怎么做呢？该如何了解孩子最喜欢做什么事情呢？很简单，就是给孩子提供更多了解世界、学习技能和展示自己的机会，通过引导孩子们自我观察，让他们认识到应利用好这些机会，弄清楚什么事情最能让他们集中精力、最能激发他们的想象力、最能让他们忘记时间，那件事情就一定是他们最喜欢的。

❺ 做给他看——父母在孩子"青春期"所起的表率作用如何实现？　　/ 77

如果父母想让孩子提升自己的社会竞争力，将来能够找到一份自己喜欢并且愿意尽全力去做的工作，就得表现出对正在从事工作的热爱，让他感受到自己从这份工作能够得到尊重和自豪，让他知道能够找到一份自己热爱的工作，才是找到了一份好工作，才是找到了一个能够充分发挥自己的才智、能力和热情的舞台。

❻ 从巨人到教练——父母要找到属于自己的位置　　/ 93

家长要认清青春期对于孩子成长的机会和意义，了解整个变化的趋势，适应并且把握这种趋势，学会借势，不要逆势而为。让孩子看世界、看自己、看未来的前提是家长要探索、学习孩子眼中的世界，像孩子一样看世界、看自己、看未来，父母既可以帮助孩子，同时也能够提升自我。

❼ 帮助孩子搞清楚三个"W"　　/ 113

做什么事能让你最感兴趣、注意力最集中，不会感觉时间匆匆而过？做什么事最让你浮想联翩、天马行空，最终忘乎所以？别激动，只写三个，写出最先出现在

你脑海当中的三个，按照先后顺序写在白纸上，这就是你最喜欢做的三件事。无论它们看起来有多么不靠谱，但是它们的确都是你喜欢做的事情，也可能就是你的梦想和今后人生奋斗的方向。

❽ 让孩子珍惜时间，从珍惜自己的时间开始　　　　　　　　／ 123

所以，我的孩子知道珍惜时间是一种正确的生活方式，因为她看到了我是怎么做的，也深刻体会到了这么做的好处。既然如此，我们又何必庸人自扰？我们又何必操心太多？功课做在了平时和自身，比每天一边唠叨让孩子珍惜时间，一边自己各种浪费时间，效果要好上一万倍。

附录　　　　　　　　　　　　　　　　　　　　　　　　　／ 133

职业类型　　　　　　　　　　　　　　　　　　　　　／ 138

职业倾向测试　　　　　　　　　　　　　　　　　　　／ 140

后记　　　　　　　　　　　　　　　　　　　　　　　　　／ 154

如何帮助"青春期"的孩子提升社会竞争力

针对新的关系和定位，家长要放弃巨人的身份和心理，既然父母不可能在身高、力量、速度、智力上完胜孩子，也就应该早点放下身段，担当另外一个角色。这个角色是什么呢？应该是教练。教练是什么？一个好的教练自己可能不是冠军，但是他能够培养出好的运动员，甚至世界冠军。父母望子成龙和望女成凤的心理，其实不就是教练面对运动员时的心理吗？

家长笔记：

孩子笔记：

家长笔记：

孩子笔记：

社会上曾经流行过这样一句话:"不要让孩子输在起跑线上。"对于这句话,不同的人有不同的解释,有人认可,有人反对,其中见仁见智,各抒己见。重要的是,这句话体现出了一种普遍的、弥漫在整个社会中的焦虑情绪,这些情绪投射在成年人身上,体现为不停地利用各种媒介(微信、邮件和新闻端口等)去检索自己需要的信息,生怕错过了重要内容;不停地加入各种圈子,生怕被主流社会抛弃;不停地出席各种社交场合,生怕错过了那个可能改变自己生活的人。而这些焦虑情绪投射到孩子身上,就是对于无形的起跑线的重视。

通常大家都知道,对于短跑选手而言,起跑是一件很关键的事情,在奥运会百米短跑比赛中,由于选手实力相当,很可能起跑的那一瞬间,谁能够争取半秒钟的优势,并且把这个优势保持住,谁就能赢得冠军。基于这个认知,为了保证自己的孩子在一开始就形成对其他孩子的优势,家长们把孩子的起跑线不断往前延伸。想要考一个好大学,就要读一个好高中;想要读一个好高中,就要读一个好初中;想要读一个好初中,就要读一个好小学;想要读一个好小学,就要上一个好幼儿园;想要上一个好幼儿园,就要住进幼儿园附近的好社区；为住进一个好的社区，父母要努力赚钱，以便能够买到所谓的学区房；而要想让孩子有一个健康的身体和聪明的头脑，就要努力优生；要想努力优生就要提前做好各种准备。最终，起跑线越来越提前。

但是不知道家长们有没有注意，大家都把注意力放在起跑线上，恰恰忘记了两件非常重要的事情。

第一件事情是，人生是一次长跑，并不是短跑。从家长最关心的学习这个角度看，最好的学校里面仍然有学习很差的学生，教学质量一般的学校里仍然会走出来优等生。那些现在看起来正在掉队的学生的起跑并不比其他人差，但是在后面的跑步当中却被落得越来越远；那些看起来先天不足的学生，在一条路上努力坚持下来，却跑出了很好的成绩。所以起跑线上的那一刻并不能决定孩子们今后是否有社会竞争力，上什么样的学校也不能作为有社会竞争力的标准。那半秒钟的优势在整个长跑过程中很快就会被许多偶然因素消灭掉，而大家因此投入的时间、精力甚至金钱成本可能也会因此化为零。

第二件事情是，家长们关注了起跑线，却并未关注它的终点在哪里、方向在哪里。我做了20多年的人力资源管理工作，深知负责招聘的部门不会问求职者毕业于哪所高中、哪所初中、哪所小学、哪所幼儿园，更不关心他的父母为了把他优生出来，采取了什么措施。最多看一下毕业于哪所大学、学什么专业，问这些也只是要判定求职者是否具备应聘岗位的基础知识，是否接受过相对系统的教育。而且这

些也并不是最重要的,最重要的是要评估这个人是否可能成为一个好员工。在生活上也是如此,人们寻找人生伴侣,是要查对方的学习经历吗?如果是这个学校毕业的就会爱上,如果不是就不会爱上?不是的,人们找的不是学习伙伴,是要找能够一起生活一辈子的人,所以最终看的是他能不能成为一个好伴侣。因此,检验这个人是否有社会竞争力的标准其实很简单,就是看他是否能够找到自己喜欢的工作、他爱的伴侣、彼此尊重的朋友,是否能组建起一个幸福美满的家庭,以及是否能做一个好公民。做到了这些,就说明方向是正确的,社会竞争力很强,五项当中有一项没有解决好,就说明这个人的社会竞争力有缺陷。

那么大家可能会说,是不是工作待遇很高、伴侣很漂亮、天天有朋友应酬、能够让家人住上舒适的房子,社会地位就达到了"很高"这个标准呢?每个人可能对这个问题都有自己的标准,但是要做到这五项,不要说是孩子,就算是成年人,也还是在路上。而且作为常识,大家知道这一定是一个细水长流的过程,需要时间、经历和事情的累积才能达到。另外一个重要的常识是,任何事情从量变到质变既需要经历一个过程,也需要一个重要的节点,这个节点可能是一个化学或者物理方面的变化,也可能是一个人或者一个时期和阶段。孩子们成长的路途上有着许多重要节点,这些节点在人生轨迹上就好像是一个个弯道,弯道既可以用于超车,也很可能会从根本上改变孩子们的人生。

"青春期"无疑是这些弯道中最重要的一个。在一本书或者一篇文章中，"最"是一个需要慎用的字，但是由于青春期太特殊了，所以相应地笔者仍然用了"最重要的一个"来形容它，事实上也并不过分。原因有三：

一是处在青春期的人数众多。世界卫生组织（WHO）规定青春期为10~20岁，中国在这个年龄段的人有两亿，这是一个巨大的数字。然而我们都知道，由于外界环境的原因，有些孩子在10岁前就进入了青春期，而有些人即便二十几岁还很不成熟，还没有完成自己的青春期。这两亿人在社会上和家庭当中都是一个很大的变量，这些孩子们的状态决定着一个家庭甚至一个民族的未来。

二是现在青春期给家庭、家长带来的影响也越来越大了。一方面独生子女在与家长的博弈当中越来越占优势。我记得当年有亲戚在家里威胁孩子要好好学习，其中一个套路就是："你不好好学习，就别学了，我好好培养你的弟弟或者妹妹。"从人力资源管理角度分析，这就是通过建立内部竞争机制以形成双方的制衡局面。但在只有一个孩子的情况下，再这么威胁试试？总不好说："你不好好学习，就别学了，我好好培养你的表哥。"最重要的一点是，这些孩子也知道家长根本没有其他选择，以中国人的价值观念，还没达到只顾自己享乐，不管子孙祸福的程度，而且无论是三亩薄田还是万贯家财，大多数家庭的选择都还是传给子孙。所以，底牌都让对方看到了，孩子

们就成为游戏的控制方了,现在的孩子太聪明,家长在这场游戏里已经跟不上他们的脚步了。另一方面,现在的孩子一旦青春期出现叛逆,战略思维、战术技巧和战斗力也就更强了。30年前我们看到的最过分的青春期叛逆也就是父子对打,因为那时除了家也没有别的地方可去,离家出走没有钱,再加上交通不便利,哪里也去不了,所以只能窝里斗,搞攻坚战,通过肉体教育直接改变灵魂。20年前看到的青春期叛逆,经常是孩子离家出走,开始出现游击战趋势。不过还好,孩子也跑不远,很多时候可能就趴在哪个网吧里。我就见过一个朋友,晚上像疯了似的挨个网吧找儿子,大半夜的跟网吧老板在街道上吵架,崩溃到破口大骂。最近,一个孩子让我见识到了新手段。这个小女孩刚上初中,她的妈妈想让她出国,特意为她报了一个出国语言培训班。上课前一天,孩子失踪了,打手机要么不接,要么关机,妈妈都急疯了。第二天中午,远在外省的爷爷打电话过来,说孩子拿了户口本,自己买机票去了几千公里外的爷爷家。这里面就包含了大范围迂回、寻找同盟军、建立根据地、转化矛盾方(将自己与母亲的出国留学矛盾转为婆媳之间的孩子教育矛盾)等一系列战略战术技巧。事实证明,父母开始斗不过他们了。最后,并且最关键的是,"60后"的家长在教育意识方面有了很大进步,这批家长的文化程度相对有所提高,更关注家庭、孩子,所以孩子的一举一动,他们都会牵挂。但由于许多家长并没经历过青春期孩子教育管理的系统培训,也不了解方法和技巧,难免会有各种过度敏感的反应。过敏到什么程度？可以这么说，基本是有任何事情，首先都不会往好的方面思考，总觉得孩子要么在惹事，要么在惹事的路上。

三是青春期给孩子人生的影响也越来越大了。对于孩子的发展而言，目前社会的道路越来越宽广，生存状态、职业道路以及价值观念的选择可能性越来越多，因此也越来越细分，越来越个性化。而在青春期，孩子们之前从父母那里复制过来的所有价值观念、思维方式和性格特点都在面临着巨大的挑战，这些因素必然会决定他们今后与这个世界连接的方式，以及他们对人生作出判断和选择时的取向。

我在多次与家长的互动当中听到了许多焦虑的家长所问的问题，这些问题无一不体现出孩子在进入青春期之后的变化之大。比如下面的问题：

1. 我以为自己和孩子沟通得很好，但最近我们之间发生了几次严重的矛盾，我才发现我其实不了解她。她在日记中也表露出很恨我。我该怎么办？

2. 我家孩子读初一，在外人面前她表现得挺乖，跟我的关系也很好。但是每次放学回家她都直接关上房门，也从来不做家务，我和她聊天她爱搭不理，像换了个人似的，我现在都觉得我们营造的表象下面暗流涌动，关系不正常。

3. 我的女儿刚读初一时，因为作业突然增多，她变得脾气大、

急躁、情绪容易失控!

4. 我的儿子读初二,爱玩游戏,不爱看书,不爱学习。对我这个母亲的态度也是冷漠、熟视无睹,做错事也从不道歉!

以上每个问题都非常具有代表性,背后是无数父母急切的、渴望解决问题的面庞!所以用"最重要的一个"来形容青春期一点也不为过。

那么在青春期来临之际如何帮助孩子顺利、成功地渡过青春期呢?如何利用这个可塑性最强的阶段来引导孩子提升社会竞争力呢?在本书中,我将在通常意义的家庭教育基础上,增加三个维度来进行探讨,这三个维度分别是:父亲的维度、国际教育的维度和职业规划的维度。

一、父亲的维度

父母在教育培养孩子当中占有同样重要的地位,《三字经》里就有"养不教,父之过"之说。但在实际的家庭教育当中父亲这个角色经常是缺位的。最直接的例子是,许多影视剧中男主角都被塑造成不善于处理与孩子之间关系的形象,他们必须经过一番救赎他人和自我救赎才能取得孩子的谅解,好像这种就是硬汉的象征和套路。妈妈们好像天生就承担了教育孩子的职责,比如最近几年出的《好妈妈胜过好老师》《幸福就是一起成长》等介绍培养孩子的图书都源于妈妈的手笔。虽然从父亲角度思考问题并不见得比从妈妈的角度高明，但是许多父亲很少自主思考这个问题，本书希望能够建立起一种让父亲更多参与孩子教育的导向。

二、国际教育的维度

现在中国的教育越来越注重与国际接轨，这种接轨并不是简单地接受和模仿，从国家强调加强传统文化教育的大趋势看，国内教育的构架越来越向两个方向延伸。一方面注重传统，坚守中华民族的文化之根，增强文化自信心和自豪感，让更多的中国孩子学习、领悟博大精深的文化血脉；另一方面注重加强与世界的链接与交流，从教育体制、意识、思路、方式、技术、设备等多个方面向国际优质教育资源学习。整个教育体系就好像一棵参天大树，把根深深扎入传统文化的土壤里汲取营养，同时把枝叶尽量展开，与国际教育实现光合作用转化。很荣幸，在这样一个时代背景之下，我在国际教育行业工作了15年。因为工作便利接触到了大量案例，取得了许多一线经验，体会到了多个家庭在孩子经历青春期和国际教育规划这两个重大事件时所经历的影响和变化。所以本书会将传统文化中的精髓与国际教育理念相结合，在一些问题上给出新的思路和答案。

三、职业规划的维度

作为一名有着20多年经验的人力资源管理者,我一直在思考如何将孩子的青春期与职业生涯规划紧密结合起来,把青春期作为一个重要的职业准备阶段来看待。近年来,随着国家对职业教育越来越重视、相应的视野和思路越来越广阔,将职业教育简单视为职业技能培训的观念已经被广大家庭所抛弃,而许多有着战略思维和眼光的学校也刻意在中学生的辅助课程中设计了职业规划或准备的内容。几年前我经常在大学里开这些方面的讲座,但是现在也有许多中学邀请我做更基础或更注重策略性的分享。不仅是北京的中学,甚至像山东、河南这样的传统高考大省都有中学向我发出邀请。青春期正是孩子们各种观念、意识重建或者成熟的阶段,职业生涯规划本身所具有的引导性、具象性和成长性对于引导他们的心态向正向转移,形成积极的思维方式有着很强的拉动作用。

即使多了这三个维度,一定还有许多没有覆盖的方面,但是仍然可用"虽不中,不远矣"来解释其义吧。

前面讲了社会竞争力,也讲了青春期,那么这两者如何结合呢?家长应该做些什么呢?回答这些问题要从三个重要的策略性问题下手。

第一,要搞清楚父母与孩子之间关系定位的变化。

1 如何帮助"青春期"的孩子提升社会竞争力

先看看在孩子青春期之前家长与孩子之间的关系是什么吧！这种关系就像《圣经》中伊甸园时期上帝和亚当、夏娃的关系，家长是上帝，孩子是亚当、夏娃，是上帝的造物，虽然双方之间会有冲突，但是绝大多数时间孩子都是服从家长的意愿。总体来讲，父母是居高临下俯视孩子的，而孩子则用崇拜的眼神看着父母。那么青春期到来后，父母又变成什么样子了呢？

首先，家长自身变矮了。并不是父母真的被生活压力压扁了，而是孩子们长高了，随着身高差距变小，力量、速度和智力的差异也越来越小。我女儿小时候最爱玩掰腕子，她两只手扳我的一根手指，我很轻松就可以把她拉进怀里；她跟着我走路，贴着我腿边一溜小跑才能跟上我；她跟我们打牌，我们从来都是让着她。但是，现在她身高一米八，走路把手搭在我肩膀上，好像我们哥们儿；去买东西时从来都是一把把重物从我夫人手里抢过来，大步流星地在前面走，换成我和夫人在后面追；现在她再要求玩五子棋，我就知道她是准备碾压我的智商了。生理差异变小，也反映到心理上。她开始觉得自己与父母在各方面的差异其实也没有那么大，虽然事实并非如此，但是青春期的孩子一定会有这样的感受，这个挡不住，是必然规律。

其次，家长给孩子画出的圈子，在孩子眼里也越来越小了。从很小开始父母就有意无意地给孩子画了一些圈子，就好像孙悟空给唐僧画的一样。比如，几乎每个家长都告诉过孩子，"出去玩，你不能

出我的视线范围",其实这就是一个空间位置上的圈。还有"回家后第一件事就是写作业",这又是一个时间节点上的圈。父母画的这些圈,是保证事情在控制范围内,在控制范围内的事情往往是最好管理的。但是"青春期"一到,我们就会发现孩子们在一个一个地挑战之前早就画好的圈。比如,逛商场时,他说要去书店看看,你可能仍然留在服装区里;也可能说要和朋友去郊游,并且不要你陪,你同意还是不同意呢?从初中开始,我女儿过生日就是自己安排日程了。她和小伙伴们会从中午一直玩到晚上,晚上回家算是给父母个面子,和我们一起吃一块我们给她准备的生日蛋糕!原来的圈子一旦被打破,外面的世界与规则会奔腾而来,这就意味着原来在简单前提下的许多规则在复杂情况下出现了漏洞。父母虽然不停地跟在后面打补丁、提修正案,但是花了十几年营造的完美规则突然千疮百孔。这意味着什么呢?这意味着对于不可知的恐慌,这种恐慌对于孩子和家长都是存在的。

问题是,事情到这里还远远没有结束,因为孩子们突然发现了一个平行世界。之前他们的世界是建立在家庭、学校的信息过滤之上的,随着规则出现缝隙,外面的世界会越来越多地展示在孩子们面前。他们不可避免地开始面临信息的无限膨胀,开始感觉到自己仅仅限于家庭、学校告诉的信息,与一些早熟的孩子相比会显得很无知,会成为许多事情鄙视链的末端,于是他们开始大量学习。他们怎么学习呢?还会像小时候问父母十万个为什么吗?不会。一方面,他们也逐渐知道父母其实并非无所不知；另一方面，现在的孩子们具备向网络求知的能力，而网上的知识让他们觉得自己其实掌握了许多可能连父母都不知道的信息。在信息社会掌握别人不知道的信息，这本身就会形成优势。而当他们认识到这其实是优势时，事态就向家长们无法控制的方向发展了。你可以想象，当一个孩子开始认为自己与父母的差异没有那么大了，父母定的规则也无法完全形成自洽[1]了，接下来孩子们会顺理成章地说出那句令父母恨不得喷出一口老血的名言："这个，你不懂！"

许多家长第一次听到或者看出孩子用眼神和微表情表达出这句话时，一定是无辜加愤怒的，尤其是妈妈，她们内心肯定怒吼了一句："小屁孩，居然说我不懂！"这句话其实就是一个标志，从这句话开始孩子便建立了一个他自己认为的美丽新世界。在这个世界里他开始重新认识周围的一切（也包括自己的父母），开始重新认识自己是谁，开始重新认识、思考和设计自己的将来。同时，这句话说出后，孩子也开始有意无意地挑战家长曾经拥有的权力，开始挑战原来加给他们的原则框架，开始随时让父母陷入挫败感和无力感当中了。从这句话开始，旧的平衡被打破，新的关系宣告逐步形成。

---

[1] 自洽就是可以证明自己的这个体系至少不是矛盾或者错误的。他洽就是这个体系能够解释外部事实。续洽就是某个体系建立后一段时间内仍然能够解释新情况。

再次,要知道在这种情况下,孩子们其实比以前更加需要父母了。只不过他们之前需要的是安全和生理需求,就是马斯洛的需求层次中最底层的两个,而现在他们需要的是更上一层的内容,并且同时需要最底层以上的三个层次——社交的需要、尊重的需要和自我实现的需要——以排序不分前后、出现不分主次、来临没有先兆的方式直接砸过来。虽然需求更加高级了、复杂了,但是孩子们自己也傻眼了,因为他们也不知如何是好了。

站在他们的角度想想,世界突然变了,自我意识猛然觉醒,父母不再是那个无所不能的巨人,原来的价值观念无法自洽,相信的东西从内部坍塌;外部世界呼啸而来,父母不能再把控信息的来源,同时也丧失掉唯一评价者的地位,要在众多他洽中进行比较;向前奔跑的过程中,时刻要处理新问题,在不断出现的路口要不停做出新决定,而相应知识、判断能力和思维方式尚未成熟,在必须进行的续洽面前孤立无援,这些都让孩子感到无比惶恐。青春期的孩子站在跑道的关键节点是崩溃的,他们既无法自圆其说,又无法解释周边的事情,更面临着不停被否定,孩子们很痛苦,也很需要帮助!

在女儿的青春期,我和她之间也发生冲突,刚开始时我不明白为什么她会每天想那么多事情,后来我明白了,是因为她理解不了那么多事情,就开始跟自己较劲,跟自己过不去,而我又只在如何满足她的最底层需求层次方面进行思考,两个人关注的点自然就不一样,冲突自然也就发生了，其实这几乎也是所有父母都会经历的情况。现在有许多孩子都在抱怨父母，好像除了吃饱、穿暖、学习好，就没有什么可以跟自己谈的了。换一个角度看，父母也不愿意跟这样的一个人接触：可以为了穿不穿秋裤纠结一天，但是对自己爱好什么根本不感兴趣。

最后，针对新的关系和定位，家长要放弃巨人的身份和心理，既然父母不可能在身高、力量、速度、智力上完胜孩子，也就应该早点放下身段，担当另外一个角色。这个角色是什么呢？应该是教练。教练是什么？一个好的教练自己可能不是冠军，但是他能够培养出好的运动员，甚至世界冠军。父母望子成龙和望女成凤的心理，其实不就是教练面对运动员时的心理吗？

优秀的教练会告诉运动员他即将或者正在投入的比赛环境如何，规则如何，应该有什么样的心态才能成长，从而能够赢得比赛。而父母就是要帮助孩子正确打开眼与心——让孩子重新发现世界。

优秀的教练会让运动员认识到自己现有的力量、隐藏的潜力、各种优势和弱点、如何管理好自己，从而准确定位。而父母就是要帮助孩子正确认识自己，知道自己是"谁"。

优秀的教练会让运动员根据自己的特点找到适合自己的发展方向，把自己的优势真正变成区别化特征，从而最终取得成功。而父母就要帮助孩子认清自己未来的方向，并且为自己的选择负责，坚持到底！

　　优秀的教练会给运动员树立一个做人、做事的态度和标准，从而把优秀的表现打造成一种优秀习惯，让这个运动员可以成为不同领域的成功者。而父母就是要起到表率作用，把"按照我的要求做"变成"看着我做"和"跟着我一起做"，最终让孩子学会"自我训练"。

打开他的眼与心
——让孩子重新发现世界

孩子在进入青春期后,他们会发现许多事情有了新的含义,许多事情换一种处理方式会有新的结果和新的含义。因此,对孩子而言,青春期其实是他们经历的一次探险。

家长笔记：

孩子笔记：

家长笔记：

2 打开他的眼与心——让孩子重新发现世界

孩子笔记：

孩子在进入青春期后，他们会发现许多事情有了新的含义，许多事情换一种处理方式会有新的结果和新的含义。因此，对孩子而言，青春期其实是他们经历的一次探险。既然是探险，他们就不会按照父母规划的路线走，他们很多时候会瞒着父母，所以父母会特别想知道他们在想什么、干什么。许多孩子则不想让父母知道更多，为什么会出现这种情况呢？原因其实恰恰就在于这些父母对于孩子探险的态度。因为父母一旦知道他们要做什么，往往会出现两种结果：如果那件事是父母已经做过了的，他们就会不由自主地提醒孩子要注意这个、注意那个。其实，换一个角度，有一个人在做事，旁边总有一个旁观者不停地说应该注意这个、注意那个，这个做事的人会怎么想？就好像你在开车，副驾驶座位上有一个人不停地告诉你："前面红灯，减速！""嘿，绿灯了，怎么还不启动？"你肯定想："赶快闭嘴！要不你来开！"而如果那件事是父母没有做过的，对于孩子而言情况可能就会更糟，有些父母在看待一件孩子没做过的事情时，很多时候先想的就是有什么凶险，如果孩子出事了怎么办？如果孩子把事情办砸了怎么收场？按照孩子的说法："你们就那么看不得我好？"

这也是青春期的孩子不愿意跟家长讲心事的原因。

但是处于这个时期的孩子也确实面临着在认知世界时之前的认知储备已经用尽，成熟的思考方法尚未形成的局面。所以，虽然此时的世界还是那个世界，但是世界对于孩子们而言是不稳定的，最终的结果是父母往往觉得孩子们在处理事情时不太靠谱。

在这时，父母应该做什么？把他们赶回原来的世界还是让他们回到儿童状态？我做人力资源管理，不只一次接到过员工的父母打来的电话，他们要么打算替孩子做某个决定，要么打算替孩子解决某个问题，更有的会直接跟我说："我家孩子可不能受这个委屈。"他们居然把我的员工叫"孩子"。甚至还有家长向我提出给员工调换一个工作岗位，好让孩子离她住的地点更近一些。我可以理解父母的爱子之心，但还是觉得这种恨不得把一个成年人拴在自己皮带上的行为，其实就是拒绝带着孩子在青春期继续往前走，这种父母可能在潜意识里时刻在想，如何把孩子带回儿童时代。

许多父母曾经想过甚至说过"小时候多可爱，怎么长大了就越来越不听话了"这句话，这说明许多父母潜意识里是不希望孩子踏出原来的圈子的，因为在这个圈子里最好控制，也最好管理，说穿了，就是在这个圈子里最省力，最不用操心，再进一步就是懒于跟孩子一起面对新世界，尤其是面对那个父母同样不甚了解的十几岁孩子眼中的世界。在这方面，应该说父母作为家长是很有惰性的，但是自己并不觉得，反而用工作忙、事情多、压力大等理由来为自己开脱。

我的女儿在读初中时,有一次临睡前,她神神秘秘地把我叫到她的房间,把灯关上,让我坐在她的身边,然后鼓捣了一个什么东西,天花板马上出现了许多小亮点,好像无数星辰,原来这是同学送给她的生日礼物,我们两个就在满天繁星的小宇宙里开心地看着天花板。然而,因为高三上学期她要考出理想分数,从而能申请到梦想的大学,结果她的压力过大,导致有一段时间失眠,每天凌晨三四点钟才能睡着,第二天中午才醒,整个人都很抑郁。而我是那种任何时候都强调理智面对的人,很难理解这种萎靡不振的状态,于是父女之间的冲突开始增多,并且有加剧的趋势。当时夫人在国外,没法过来帮我,为了调整女儿的作息时间,我每天凌晨两点起来,怕打扰她,也不敢说话、不敢开灯,就在客厅里用手机播放轻音乐、催眠曲,直到她睡着。在那些黑暗寂静的深夜我就在想,为什么女儿不再愿意跟父母分享她的世界了呢?我想一个很重要的原因就是,我还是不够用心,还是以对待孩子的方式对待她,而不是按照对待一个开始有自己想法和自己判断的、一步步走向成年的成长状态对待她,也没有主动带着她来观察这个于她而言突然变样了的世界。

孩子们既然已经走出了原来的世界,父母能做的最正确的事情就是带着他们进入这个新世界,让他们用自己的眼睛去看这个世界,用自己的心去感知这个世界。家长则要勇敢地与他们站在一起,共同向这个世界出发。

以上说的是态度问题,而实际上应该如何操作呢?我个人有三个方面的建议。

首先是帮助他们打开眼界，把原来闭环的圈子变成开环的弧线。

这个世界对于孩子是开放的，有着无限可能，是早晚都会打开的，如果应和这种开放，对于家长和孩子来说就一定意味着有更多的选择和机会。所以让孩子打开眼界的目的，并不是为了帮他建立一个直径更大的环，而是要把闭环思维打开成一个开源性思维，帮他画一段弧线，剩下的部分交给他自己完成。可能许多家长一听到打开眼界这个词想到的就是带着孩子去各地旅游，走遍祖国大好山河。现在生活条件好了，追求的档次提高了，国内游不算什么，国外游也很轻松。如果仅仅如此理解，那恐怕只有有钱也有时间的家庭才可以培养出有眼界的孩子。其实并不是这样。父母要清楚，帮孩子们打开眼界，是指让孩子们看到什么，尤其是帮助处于青春期的孩子看到什么。他们正在重新审视世界，正在用自己的方式感知和体验世界，你想让他们看到的，并不一定是他们愿意看到的；你认为自己有所收获的，也不一定是他们能够感知到的。所以看什么并不是目的，由看到什么到想到什么，并且建立起一套由看到想的思维路线图才是终极目标。

在一次家庭教育讲座中，一个家长拉着高一的儿子坐到我面前，对我说："我想要把孩子送出国。"接着对孩子说："多跟老师聊几句！"之后就回避了。那个孩子坐在我对面，显然有点不情愿，

我觉得可能是因为嫌我颜值不高吧。为了缓和气氛，我就问他："你出过国吗？"他说："出过。"我又问他："你去过哪个国家？"于是他做了一个动作，眼睛盯着左上方，这是一个典型的回忆表情，开始扳起手指数自己去过哪几个国家，大概有十来个吧。他边数国家我边惭愧，小小年纪可谓见多识广。但是我注意到他数这些国家时，表情没有什么变化，就好像在数他家小区有几个门一样，我就又问了一句："你最喜欢哪个国家？为什么？"他愣住了，想了半天："没有什么太大差别吧？反正都差不多！"这次轮到我愣住了，去了这么多国家，感觉居然是差不多的，那他去那么多国家干什么了呢？不会只是逛了当地的百货商场、游乐场或者名胜景观吧？当地那些文化场所、历史传承、风土人情、地域文化和民间风俗呢？这才是每个国家、每个城市与其他国家、其他城市区别开的独特之处啊！如果他感觉都差不多，那为什么还要去其他国家和城市呢？只选一个去就好了。难道父母花钱送他游历多个国家的目的就是为了考证各个国家城市都差不多？我相信他的父母肯定不是这种想法，但是却达到了这种效果。

2016年哈佛大学毕业典礼的讲台上出现了一个来自中国湖南农村的学生，他的名字叫何江，是哈佛大学生物系硕博连读的毕业生。作为优秀毕业生代表之一的他登上演讲台，讲述了中国故事。大家不要觉得这不就是一个毕业演讲吗？有什么了不起？要知道在毕业典礼上演讲可是哈佛大学给予毕业生的最高荣誉，与他同台演讲的，还有着名导演斯皮尔伯格，而何江也是第一个获得此项荣誉的中国学生。他在讲述自己故事的时候讲到了自己的家乡，他讲述的原文是："在那个时候，我的村庄还是一个类似前工业时代的传统村落。在我出生的时候，我的村子里面没有汽车，没有电话，没有电，甚至也没有自来水。"问题来了，为什么从这种环境下走出来的孩子可以一直读到哈佛，并且作为优秀学生代表登台讲话呢？其实很简单。演讲里他谈到了父母一直留在他的身边，并没有像别人一样去打工，父亲每天都给他讲故事，讲外边的事情，从而让他对外边的世界充满了好奇，也充满了向往。最终这些好奇和向往带着一个乡村里的孩子从家乡出发，一路走向更广阔的天地，从而让他成为国际顶尖学府当中出类拔萃的人才。

综合以上的例子，父母再来看什么是打开眼界。真正的打开眼界，就是让孩子能够感知这个世界不可捉摸的多样性，体验这个世界客观存在的差异性，从而让孩子对这个世界产生探索的好奇心和参与其中的热情，而不是为了在不同的名胜古迹或者奢华景观前面拍个照，接着发个朋友圈炫耀一下。

其次是帮助他们打开心。

面对世界，仅仅有好奇心是不够的，好奇心能够带来无穷大的可能性，但好奇心就像水，不加引导很可能会泛滥成灾。要实现正确引导当然非常难，许多孩子虽然对世界产生了好奇心，但是却没有控制住，而家长也没有很好地引导这些好奇心，这样的后果就很不乐

观，因为好奇心既可能会把青春期少年引向积极阳光，也可能会使他们误入歧途。

比如，追星这件事。青春期的孩子谁没有追过星呢？没有追过星的人生是不完整的，没有过偶像的人生是有缺憾的。但是，很多时候，二十几年前追过星的父母，现在经常对孩子们讲的是："那些明星有什么可追的？不就是拍了个电影、电视剧，开了个演唱会吗？"听着很耳熟吧？二十几年前的父母就是这么说的，现在的父母又对自己的孩子这么说，好像人生就是一个循环往复的圈子。

现在已经身为父母的人们设身处地想想，就会想明白为什么当年自己的父母会在追星这件事上持反对意见？他们讨厌的并不是这些明星，因为他们根本就不了解这些明星，但他们知道这些明星会占用孩子们的学习、休息时间，他们甚至还认为追星会占用掉一部分孩子们原本应该给予他们的爱。这就是一代代父母的样子。每当孩子眉飞色舞地议论起明星时，许多家长会泼出一盆冷水："瞅你那么兴奋，咋没见过你说学习时有这么高兴呢？"其实他们心里面还有一句："父母把你养这么大，怎么没见过你谈论起父母这么高兴呢？"但是不让孩子追星管用么？好像从来没有哪一代父母成功过。中国古代的父母处理这件事的最好方式是宣传各种圣贤，这样父母和孩子崇拜的就是同一群人，比如说孔子。但是现在的媒体使得孩子们对于明星比对孔子的了解多得多，所以这个办法显然没有那么强的竞争力了。用强制的方法管理孩子们的好奇心，也从来都不会成功。父母该做的就

2 打开他的眼与心——让孩子重新发现世界

是"勇敢地与他们站在一起，向这个世界出发"！

近年来，我经常受邀到各个中学去做讲座，与中学生们分享如何认知世界和有意识地规划人生。在分享时，我都会跟他们分享一些流行明星的照片，当看到照片时，许多孩子都很激动，讲台下会"哇"声一片。比如前两年很火的一个明星，我不知道有多少家长看到照片会叫出他的名字，但是孩子们基本都认识他。他在中、韩两国有一大群疯狂的粉丝，可能好多孩子卧室的墙上就有他的海报。如果你发现自己的孩子喜欢这个大男孩，你会怎么看呢？大多数家长的反应是，哦，又换了一个明星！之后就去忙别的事了，因为你根本不在乎他是谁，更不在意他可能对孩子的影响。除非有一天孩子对这个明星的痴迷影响到了学习了，影响到你们之间的关系了，在此之前，你才不会在乎他是谁呢！但是我出于好奇上网了解了一下这个少年，发现他在年轻人当中的影响力非常大、影响程度非常深。他走到今天也并非一帆风顺。他在18岁之前跟其他孩子没有什么区别，也是一个普通的孩子。但是18岁时他在韩国被星探发现，加入了演艺公司，成为一名实习生。在当实习生期间他语言不通，教授才艺的老师和工作人员又不懂中文。同时他自己也没有演艺基础，先天条件也不算好，他得过哮喘病，有这种病的人不适合做大运动量的舞蹈类练习。另外，他在学习期间也没有收入。同时，为了保持形体，还要限制饮食；为了保证训练时专心致志，公司要求统一作息时间，断绝与外界往来，甚至连家人都不允许随便见。他每天要进行10个小时歌舞、形体、演

技等多方面的培训,其中每个晚上从8点到12点练习4个小时舞蹈,而且这只是理论上的,因为老师要求如果练习时流下的汗不能装满半个小桶就要接着练习下去,不知道那个桶有多大,但是相信总不会比碗小。如果这些肉体上的磨练还可以坚持下去的话,那每几个月就要进行的淘汰,则给每个实习生心理都施加了极大的压力。因为一旦被淘汰就要离开公司,这也就意味着之前的苦白吃了。他身边每过几个月就会少几张熟悉的面孔,有的是被公司淘汰的,有的是自己撑不下去的,相信他也经历过种种纠结,然而他坚持下来了。我们身边有多少孩子能有这种信念和毅力?这种坚持精神是不是一种能够让生命之火燃烧的正能量?但家长们知道这些么?许多父母以为孩子们喜欢明星的原因只是因为他们颜值高,但家长会不会用明星身上正能量的事例去引导自己的孩子呢?很多时候不会,因为家长根本不认识、也不打算认识孩子的偶像,更不要说去了解这个偶像了。前面我说过我们应该引导孩子从闭环的世界走出来,但实际上许多家长自己就在闭环的世界当中,只不过家长的环比孩子们的更大一些,容纳的东西更多一些。但正因为是闭环,所以新的信息也就很难进入,许多时候家长是拒绝观察和认同孩子们正在面对的世界的。正因为拒绝,所以我们不想知道孩子面对的世界发生了什么,更不要说进入和共同面对了。

我女儿就喜欢一个影星,开始我总是记不住他叫什么名字,女儿特别不高兴,强行命令我补课看他的电影。我看了其中两部,发现这个影星演得确实不错,同时他演的电影几乎都是正向的、阳光的、充满正能量的。后来我了解到，女儿一个人在外地学习，在她很孤独、很脆弱时连续看了几部这个影星参演的影片，被感动得一塌糊涂，并且从中获得了继续奋斗的勇气和力量。其实在孩子成长过程中，如果只是从父母这里吸收能量，是远远不够的，因为毕竟父母也有自己的局限。如果孩子只是向父母学习，只是从父母身上获取，那么他们肯定不会比父母更强大，不会比父母更优秀，很可能只是父母的复印件。当他们面对更广阔的世界时，如果父母能够参与其中，用父母的经验和智慧发现孩子喜欢的事情当中的正面信息和能量，引导他们提炼出来，这就是父母在帮助孩子建立一套由看到想的思维路线图的方法，也是家长努力帮助孩子打开自己的心的终极方式。

最后是帮助孩子建立与这个世界正确相处的态度。

打开眼，能够看到、看清这个世界；打开心，才能正确感知、认识这个世界。这些都是建立与这个世界正确相处的态度的前提。那么，父母应该与这个世界建立起一个什么样的态度呢？每个人都有自己的观点和看法，但最正确的态度就是与世界合作，而不是对抗或者只是索取。

许多家长在教育孩子时往往有意无意地采取了一种零和博弈的思维方式。在这样的家长眼里，这个世界里某个东西你有了，我就会没有；班级排名第一被别的孩子夺去，我的孩子就不是学习最好的那个。采取这种思维方式跟家长自身的眼界是有关系的，因为如果父母只关注身边的那点事，只盯着眼前的细节，沉浸在方圆十几公里的范

围内,那么在如此小的圈子里资源当然是有限的,当然是要去抢夺的,请注意不是竞争和争取,而是抢夺。但是,前文我讲了何江的故事,如果何江当年的眼界只限于他所在的乡村,就算他在村子里最出色,能够种上最肥沃的土地,能够娶上村里最好看的女生,他又能通过自己的努力影响到多少人呢?他又能从受局限的经历中得到多少成长的力量呢?零和博弈的结果往往是囚徒困境。青春期是孩子建立世界观、价值观和人生观的最重要的阶段,在这个阶段里如果父母不教会孩子与这个世界以合作的态度相处,而只是教他们通过对抗和索取来获得利益、满足自己,这无形当中把自己的孩子变成了囚徒,虽然没有用绳索捆绑他们,但是已经绑住了他们的心,而他们的心如果被捆绑住了,把这个世界当成作战的敌人或者索取的矿藏,还能指望他们每天开心吗?他们已经把自己变成了随时准备战斗的战士和时刻准备挖掘的矿工,那他们今后的生活又有什么乐趣呢?

我的一篇文章刊登在2016年11月17日的《中国教育报》上,题目是《不喜欢的东西也可以为你所用》。这是我三年前写给女儿的一封信,当时由于不能在北京参加高考,女儿由妈妈带着回家乡就读,这种状态对于任何一个家庭和少年都不会是正向的,但是信中我用自己在青春期挫败、猛醒和奋起的经历告诉女儿三个重要的人生规则:

1. 很多时候你无法决定自己在哪个平台上,但是你可以决定自己在现有平台上的态度和因此产生的做事方式。

2. 当你拒绝融入环境时,环境一定也不会接纳你;当你主动融入环境时，会发现原来环境没有想象得那么糟糕。

3. 对于任何事情，你有三个态度，第一是拒绝，第二是被动，第三是主动。如果你拒绝了，那么你也会被拒绝；如果你被动了，另外一方也会是被动，最终还是不成；如果你主动了，整个世界都会应和你，结果你和你的周边都会受益。

最后我要提醒家长，教会孩子与这个世界合作的过程，其实就是建立你和孩子合作关系的过程，当你开始能够与青春期的孩子合作的时候，也就离孩子学会与这个世界合作不远了。想想看，如果大家不是对手，而是合作方，一切该是多么美妙！

与孩子共同培养一个爱好、共享一段经历、共同喜欢一个明星，都是开启合作之门的小钥匙，记得拿好哦！

3 体验中发现自己
——让孩子重新认识自己

优秀的教练调教运动员的一个重要内容就是让他通过训练对自己有一个非常清晰的认识,认识到自己的特性,哪个肌肉群对赢得比赛更有帮助?哪方面的能力还有发挥的余地?而这一余地如果完全发挥出来,可以让成绩得到何等突破?同样,作为父母就要帮助孩子在青春期时正确认识自己,知道自己是"谁"。

家长笔记：

孩子笔记：

家长笔记：

孩子笔记：

优秀的教练调教运动员的一个重要内容就是让他通过训练对自己有一个非常清晰的认识,认识到自己的特性,哪个肌肉群对赢得比赛更有帮助?哪方面的能力还有发挥的余地?而这一余地如果完全发挥出来,可以让成绩得到何等突破?同样,作为父母就要帮助孩子在青春期时正确认识自己,知道自己是"谁"。

大家可能都听说过每个人都要面对的人生三大终极问题:你是谁?你从哪里来?你要到哪里去?

这三个问题没有年龄限制,青春期的孩子同样也要面对这三个问题。在这三个问题当中,第一个问题"你是谁",在青春期这一特殊时期,显得尤其重要。因为在青春期,孩子们的自我意识开始全面觉醒并且建立,对外他们开始与这个世界包括父母彻底划清边界,对内他们开始全面认识自我、体验自我和评估自我。

可能有的家长会把彻底划清边界误会成彻底划清界限,其实这是两个概念,划清边界就是开始分清哪个是我的,哪个是别人的,孩子在成长过程中一直在做这件事情,与父母之间的边界划清是做这件事情的最后步骤。

家长尤其是妈妈们在这件事情上往往会比较模糊，因为妈妈在与孩子建立关系的过程中往往是付出最多的，所以很可能就成为那个与孩子的边界最不清晰的人。许多妈妈最强调的词是"我们"，几乎所有事情，无论是责任还是权力都是"我们"的。其实从人力资源管理角度讲，在一个组织结构当中，如果只有一个人在反复强调"我们"，潜意识里只不过是这个人的"我"的另外一种表达，因为他认为其实自己的个人意志就代表了大家的群体意志。家庭结构当中也是如此，父母言语当中的我们，其实在孩子眼里只不过是父母的代表，并非是他的代表，而恰恰许多时候，父母就是用着这个"我们"的名义来行使着只属于父母的权力。

家长们可以回忆一下在青春期我们的父母是如何教育自己的。再想想自己现在对孩子的做法，以及孩子们的反应，实际情况是不是如此？是不是能更清楚地知道孩子们面临的是什么？所以，要想让"我们"这个词真实代表一个家庭所有成员的意志，首先就是让这个家庭的所有成员都有自己独立的意志，并且受到其他成员的尊重。为什么许多孩子会有青春期的逆反？因为他们在争取自己的地位和独立意志，而父母以温情的、暴怒的、死缠滥打的、拐弯抹角的并且完全不讲规则的方式告诉孩子"不行，有并且只有我们！"反正就是不允许孩子有独立意志！最终要么如父母所愿培养出永远长不大的巨婴，要么逼迫出事事向父母挑战以求争得自由的叛逆者。

我说不讲规则，很可能有许多父母有意见、不服气，觉得自己

很通情达理，家里非常民主。讲民主的首要一点就是全体成员共同制定规则。诸位家里制定规则时，孩子有一票吗？即便有，如果投的是反对票，有用吗？这就是为什么许多时候父母讲一句话，在孩子身上起到的效果还不如一个家族以外的人大。理由很简单，因为无论家庭以外的人说话是对是错，他一定是以平等的态度来与孩子对话，也就是说那个人并没有一定要让孩子接受自己的观点。这一点孩子能够感觉得到。而作为家长许多时候做不到，说了什么事情，如果孩子不认同或者不去做，他们往往就会抓狂。那"我们"这个词就不可能代表家庭全部人员的意志，如果父母一方面要求孩子服从自己，一方面还用"我们"这个词来替代孩子的意志，就很虚伪。

我说了这么多，主要想推导出两个方面的结论。

第一，孩子们开始划清边界这种行为趋势是不可逆转的，同时也是他走向成熟的表现。

父母希望孩子什么时候开始敢于离开自己的身边，走向这个世界，并且在走向世界的过程中，以"我"的个人姿态去完成思考、选择和决定呢？如果孩子成人之后事事以父母的意志为根本，大事小事如果没有父母参谋，就什么都决定不了，您觉得自己在教育孩子方面是成功了还是失败了？父母希望孩子什么时候能够实现独立思考，什么时候能独立为自己的行为负责呢？是上大学以后，还是工作、结婚以后？无论家长对这两个希望设定的时限是什么，孩子们都不可能在那一天突然成为负责的人，这个过程一定是一个渐变的过程。那这个源头在哪里？当然是从小开始形成，而一个重要的节点就是青春期。在他们开始完成划清边界的最后一个阶段，既然不可避免，父母是不是可以采取合作的态度，而不是死活不打算放弃自己的那点特权呢？

第二，在孩子们开始跟父母划清边界时，父母能不能也开始划清跟孩子的边界呢？

这同样也是父母自己开始走向成熟的表现。在抚养孩子的过程当中，作为一个父亲、国际教育工作者和人力资源管理者，我的最大体会就是孩子其实是父母成人后上天派来的一个教练。因为自己有了子女之后，我们的父母变成场外指导了，真正训练我们的人恰恰就变成了这些孩子。他们的成长也在倒逼着我们成长，我们不得不在各方面严格要求自己，因为要成长为孩子们的榜样和教练，所以只能也必须与孩子们共同成长。孩子进入青春期之前，家长决定着他们的意志，父母其实承担着一个家庭的全部责任。但是随着孩子开始划清边界，父母也要开始逐步适应一种新的生活状态，也要开始进一步关注"我们"当中的"我"字，把"我"强大起来，让"我"活得更有独立意志，更像一个孩子可以学习的榜样。随着孩子的成长，从表面上看好像是孩子在生活、情感和思考上对父母有依赖性，但是相对的，难道家长不也是同样在心理、意志、情感方面对孩子有着强烈的依赖？既然孩子开始了心理断奶、意志独立，家长也应该有点成年人的样子，学会不拉扯着孩子也能前行。

针对青春期的孩子对内开始全面认识自我、体验自我和评估自

我的问题,家长们应该选择什么样的态度?很简单,就是"让他去做"。在做的过程中让他们体验操作,同时在体验操作的过程中评估自己并且认识自己,最终知道"我是谁"。

当然,任何事情说起来容易做起来难,理想很丰满,现实很骨感。我在这里给大家分享自己的一点经验和教训。

第一个方面是体验做人的。

女儿从高中开始就有一个"小帮派",其实就是几个与她同龄的女孩子组成的一个小团体。她们在一个高中就读,关系非常好,会给彼此过生日,会去彼此家里吃饭,会分享彼此的小秘密,会跑到彼此的班级里结识对方的同学,当然也会闹情绪、吵架,之后热泪盈眶地和好,甚至我估计她们也会像所有女孩子一样,彼此答应做对方的伴娘。她们的性格差异比较大,有的比较稳重,有的比较独立。她们之所以能够成为好朋友,我觉得她们具备了所有好团体应该有的特点:彼此了解、认同并且有很强的互补性,既能够欣赏对方的优点,也能够包容各自的缺点,最重要的是能够从对方那里学到东西。

我女儿从她的朋友身上学到了不少有益的东西。她曾经在晚上跟朋友们通电话,有时候一打就是半个小时,我夫人原来也很担心,怕这种聊天会影响学习。后来女儿说,其实这半个小时是她在向同学请教问题,我们选择相信孩子。她确实有自己不擅长的科目,而这个科目后来到期末考试时也考得不错。而她也因为比较独立,成为这个团体里的意见提供者，任何一个人想要征求意见时都会想到我女儿，我女儿也会设身处地替她们想解决的办法。虽然这些办法有些幼稚，但是她却因此体验到了加倍的人生经历，虽然这些人生经历是其他青春期孩子的，并且看起来她是在帮助别人，但是她一样因此受益。大家可能会说，这不就是每个经历过青春期的孩子都会遇到的情况吗？有几个知心朋友，经常聊聊，相互学习，没有什么大不了的啊！从表面上看确实很普通，但是有哪个家长会认为孩子交友是一件小事呢？真的不关心自己孩子交了什么样的朋友？真的不关心他除了与家庭以外的主要社会关系是什么情况？找什么样的朋友以及如何与朋友相处都是学会做人的重要内容，同时，对于青春期的孩子而言，同龄人的认可对他们的影响已超过了父母对其的影响，所以朋友对于孩子的成长非常重要。在前文我讲到的社会竞争力当中就包含了能够交到什么样的朋友，也讲了交到好朋友的前提条件是自己先做一个好朋友。但最重要的是得让孩子通过交朋友去自己体验。作为家长不要阻拦孩子交朋友，别用耽误学习这个理由去限制孩子。好的朋友是能够起到正向示范作用，并且帮助和促进孩子学习的。家长要帮助孩子获得好的体验的方式是帮他们创造机会去接触可能带来正能量的同龄人，并且也要让孩子具备与优秀的同龄人进行交换的优点。如果没有，他们也是不可能交到好朋友的，因为朋友必须是相互之间实力相当的。

后来我女儿由于在北京准备出国，有一年时间未与这三个小伙伴见面，只能通过微信或者QQ联系。由于地域、学业、发展方向都

不同，我想她们的共同话题也就不多了。我女儿拿到录取通知后回学校办理毕业手续，特意找小伙伴们聚会了一次，回到北京我问她聊得怎么样？女儿说："现在她们跟我想的、关注的很多地方都不一样了！"表面上看她风平浪静，但是我能感觉到她的伤感，但女儿很快就说："很正常，大家已经开始进入不同的生活轨道了。"听到这句话，我知道女儿在情感方面更加成熟和独立了。她既能在感性上珍惜单纯的友谊，也能在理性上面对事实本身，只有这样的思维方式才能在生活中更好地面对过去、现在和未来。

在我女儿出国前，她去新航道实习了一个月，给VIP学生当助教，由于她自己考过托福、SAT，所以协助老师辅导学生很在行。这些学生有比她年龄小的，也有比她年长的，而身边同事的年纪都比她大，不过大多数都是进入职场不到三年，所以她挺适应这个人群环境。她跟学生们的关系不错，跟同事也挺好，每天大家一起上班，一起加班。起初，她还跟我一起吃午饭，后来就不搭理我了，跟同事们相处甚欢。休息日她便跑出去跟同事看电影、看话剧，去游乐场玩。我夫人开始挺担心的，觉得女儿还没满18岁，跟一群成年人在一起会不会过于成熟。其实当家长的都有这份担心，就好像小时候孩子第一次独自过马路，家长一面战战兢兢，一面又知道这是必须要经历的过程。但是，我相信只要女儿是在一群正向发展的人当中，她就会通过与这些人的接触进行观察，通过与她们共同工作和游戏去体验，同时通过在里面吃到的苦头和反馈的评估结果去学习。这就是成长必须付出的代价，作为家长的我们不就是这么成长起来的吗？因此就不要一方面总想着怎么让孩子避免体验痛苦，一方面又希望孩子得到乐趣和成长。痛苦、乐趣和成长是一张纸的两个面，父母不应该也不可能只让孩子看到一面。否则将来当他看到之前被父母隐藏起来的痛苦的那一面，会误以为是因为自己做得很差，所以才不得不面对这些惩罚。而事实是只有更棒的人才有资格面对更大的痛苦，并且因此获得更大的乐趣和成长的奖赏。

"以人为镜，可以知得失"，其他人往往就是人们评估自己是谁的一个参照系数，只有通过与其他人接触对比，大家才能更好地认清自己，知道自己是"谁"。

第二个方面是体验做事的。

我女儿曾经两次出国，两次都是去美国，这两次进入陌生环境的经历，对于一个生活经历并不丰富的孩子而言，的确是一个很大的财富。

女儿第一次去美国是初一寒假，她刚刚进入青春期，跟着团队去游学。团队领队是一个刚刚20出头的年轻人，英语也不太灵光。这种状态对于那种希望全程被无微不至照顾的学生可能不是最佳的，他们很可能会要求换领队。但我觉得这种情况恰恰是最难能可贵的，因为对于一群希望能够亲自感知、体验世界的青春期孩子而言，这个机会千载难逢。正因为没有无微不至，他们才必须自己思考和行动。比如，到了美国酒店，我女儿用初中生水平的英语与酒店沟通，自己搞

定了卫生间水龙头不好用的问题。再比如，在购物时，领队安排她与一个大一女生一组，结果她们逛得太开心，商场又太大，最后两个人找不到集合地点了。大一女生当时就懵了，不知所措，又不好意思当着一个初一学生的面说英文。而我女儿没有那么多心理负担，向售货员问清了她们所在的位置，一路带着大姐姐找到了集合地点。据我所知，回国后，抱怨服务不到位的家长，后来他们的孩子基本上都没有选择出国。而我女儿回国后，老师在课堂上给了她20分钟让她分享出国的经历。她做了一个篇幅巨大的PPT给我看，我跟她说如果只有20分钟时间，PPT用不到这么多图片，只留下10几页就可以了。结果她还是拿着几十页的PPT去给同学们展示，她实在割舍不下任何一张照片，因为所有在美国的经历都让她感到新奇，感到不吐不快。在青春期刚刚开始时，她知道了另外一个国度有那么多吸引人的事情，知道了那个国度与自己所处的环境是如此的不一样，对于她而言，这是一件特别有意思的事情。

女儿第二次去美国是高二暑假，她去普林斯顿大学读AP项目，她在那里用三周集中学习了应该在三个月学完的两门课。作为全班仅有的两名来自非英语国家的学生之一，她得到了一个B+。成绩不是最重要的，最重要的是她在这里经历了许多人生的第一次：完成了人生的第一个学术论文和第一次全英文辩论会；第一次接触经济学，后来这也成为她大学学习的专业；第一次参加舞会；第一次吃披萨吃到想吐；第一次从专业角度与别人讨论电影制作；第一次弹1980年的钢琴并将自己的曲子展示给大家。通过这么多的第一次，她了解到即使在不同文化背景之下，同学之间仍然可以进行充分分享；即便成绩有差别，每个人仍然可以带给别人独特的东西。她了解到，比起课程学习，作为一名中国学生如何融入美国的生活更难。这是因为大多数中国学生不喜欢主动向他人展示真实的自己，也不愿意表现出独特的个性。开始我女儿也像所有国内学生一样，把社交视为浪费时间。后来她学会了主动走到别人寝室与对方交流，在她们面前展示自己，与同学们分享自己的感受，并开始明白与人交往是每个团体生活中不可或缺的部分。通过辩论会，她开始懂得站在对手的角度思考问题有多么重要；通过辩论会，她提升了临场发挥的能力、与人沟通交流的能力、筛选材料的能力；通过辩论会，她的心理素质、逻辑思维和全方位思考的能力得到训练。

　　以上内容都源于她写的对这段经历的总结。在整个过程当中，她每天都要学习到凌晨，根本没有时间联系我和她妈妈，而我们由于心疼孩子，想让她多休息一会儿，也没有跟她说更多的话。回来后，她自己主动写了这个总结，我看到后才知道短短三周的时间，她的收获竟然如此巨大！我为她感到自豪！

　　许多时候，作为父母一旦想到孩子要独自去面对一些事情，而自己又不在身边，各种悲惨结局立刻浮现在脑海中，于是就开始抓狂。但是我想说，无论父母有多抓狂，都应该放孩子出去自由翱翔，否则他们什么事情都未经历过，今后遇到必须让他们自己作出

决定、选择和行动时,父母就这么把他们推出去,才是真正的残忍。

我在国企工作时就遇到过这种高分低能的典型,一个年仅24岁的特殊专业博士后被分配到我们单位。24岁就是博士后,显然是一个天才。他的到来使其领导如获珍宝一般。结果半年后,我在工厂附近的饭店看到这个博士后,他披着件工装,敞怀露着肚子,邋里邋遢,前襟上面各种油污,好像有段时间没洗了。回去我就问他的领导:"把一个博士后培养成这样,你是怎么做到的?"那个领导知道我是在讽刺他,苦笑着说:"没有办法啊,他自己不会洗衣服,我也不能天天安排同事帮他洗,而且也没有同事愿意帮他啊。自从工作以来,他每天进办公室跟谁都不打招呼,往办公桌前一坐,就是看书,看到中午,夹起书本就去食堂吃饭。想让他去工作现场接触一下实际工作,他就在那里一站,看着别人干活,既不伸手帮忙,也不问问题。这样的博士后我也实在没有办法,可能知识太多了,把脑子里其他部分都占了,要不我把人还给人事处吧。"后来我跟这个博士后聊天,问他为什么不洗衣服呢?他说从小到大衣服都是妈妈洗。读大学时妈妈辞了工作,在大学附近租了间房子专门照顾这个少年天才,告诉他什么都不用想,只要学习就可以了。工作以后,妈妈觉得他已经能够自立,就回家乡去了,而他既不会洗衣服,也不会照顾自己,还不会跟同事相处。后来这个博士后被我们退回到大学,因为实在不知道拿他怎么办。我相信他从青春期开始到参加工作还根本不知道自己是

3 体验中发现自己——让孩子重新认识自己

谁。他的妈妈把他当成学习机器来培养，结果他就只具备了这个功能，而忘记了自己的社会属性和除了学习以外的行动功能。

所以，在"让他去做"这个时间点上，父母虽然承受了惶惑、揪心、无奈，但从更长远来考虑，父母最终一定会感谢自己曾经有一段时间放开孩子的肩膀，让他们去飞翔。当然，孩子在这段时间虽然在独自翱翔，但是父母手中一定要有线，这条线是由三方面因素组成的。

第一个是爱，这个爱要由对孩子少年时期无微不至的关怀变成青春期时对孩子的信任与支持。父母之所以会在孩子单飞时想到各种不幸的结局，是因为父母对他们还不够信任。是的，他们在做人、做事方面比起父母而言，肯定要差好多。但是如果以父母作为参照物，对他们显然不太公平。事实上，许多时候父母都会不由自主地这么比较，所以很难对孩子产生信任。对孩子的信任应该源于发现和认可孩子每天都在进步和成长，认可孩子的这些正向变化时，信任就会产生。同时，许多时候父母都不愿意给孩子支持，甚至会成为孩子的反对者，这当中确实有一部分是因为孩子们有判断失误或者做错事的时候，但父母站在他们的角度思考过问题没有？在任何事情都有两面性的情况下，是否认真思考过他们行动的合理性？当父母把自己的爱正确地呈现给孩子时，他们是不会辜负父母的。记得我当年高考前努力学习，虽然是为了自己的未来，但是不辜负父母的信任也是动力之一。

　　第二个是沟通，父母要尽可能地了解孩子周边发生了什么，了解他们在想什么。在女儿准备出国考试那段最紧张的时间里，她每天最放松的时刻就是吃饭时看一段韩国的"RUNNING MAN"，我也跟着一起看，其实我对这个节目并不是特别感兴趣。但是我要用自己的行动给孩子一个信号，作为爸爸，我愿意关注和分享她感兴趣的东西，有时候沟通通过一个姿态也能表现出来。

　　最后一个是底线，父母是否有自己的原则和相应的行动。这些原则并不是放在嘴上的，也不是时刻用来盯着孩子的，而是要用行动来体现的。比如，在教育孩子不乱花钱方面，我夫人就做得很好，她对于该花的钱绝对不吝啬，但是对于不应该花的钱，也绝对不乱花。我女儿单独在外地学习时，每个月的生活费都不多，但在我女儿需要参加为期三周的普林斯顿AP项目时，我夫人则毫不犹豫地拿出5万多。她用行动告诉了孩子作为父母的我们的原则，在生活上要能吃苦，在进步上要敢投资。

　　我观察过许多有着先进理念的学校和家庭，虽然这些学校和家庭的情况各有差别，但是他们都在有意无意地做一件事，就是给学生提供各种角度、方式和体系来体验并且评估自己。而越是思想僵化、手段落后的学校和家庭，就越强调单一的评估系统。比如，在一些学校和家长眼里，除了分数以外，什么都不重要！人力资源人员在设计绩效考核方案时，往往着重将目标数字化，比如考核销售人员，如果扔掉其他的因素，只留一个最重要的，那就是业绩。

但是，孩子们并不是销售人员，也不是分数的机器，所以单一的分数评估体系远远不够。有的学校和家庭表面上看对孩子的要求也不少，比如要注意个人健康，强调按时作息，重视服从纪律，不过仔细想想，这些都是为了辅助分数这个评估体系，并且为它服务的，所以这仍然是一个单一的评估系统。青春期的孩子，已经产生了面向世界的好奇心，他们的兴趣点也是多方面的，只有多个评估体系同时发生作用才最符合孩子的天性。社会、学校、家庭共同建立起多个评估体系才是帮助青春期孩子认识自我、评估自我的正确方法。当然，不可否认，在目前的情况下，要达到这个目标还有很长的路要走，但作为家长至少要学会不要只给孩子们一把尺子，因为在更远的未来他们可能会在这个世界当中数以千计的职业中的一项或者几项里工作。至于是哪一项，父母既无法控制，也无法预测，父母能给他们的，只有帮助他们认识自己是谁，并且让他们相信自己有能力做最好的自己。

找到属于自己的降落伞
——让孩子勾画属于自己的职业未来

那么父母该怎么做呢?该如何了解孩子最喜欢做什么事情呢?很简单,就是给孩子提供更多了解世界、学习技能和展示自己的机会,通过引导孩子们自我观察,让他们认识到应利用好这些机会,弄清楚什么事情最能让他们集中精力、最能激发他们的想象力、最能让他们忘记时间,那件事情就一定是他们最喜欢的。

家长笔记：

孩子笔记：

家长笔记：

孩子笔记：

父母的一个重要责任,就是帮助孩子在青春期发现自己的梦想、优势和爱好,从而设计自己的未来,并向那个未来进发。

上一章讲过每个人都要面对的三大终极问题:你是谁?你从哪里来?你要到哪里去?本章讨论如何帮助孩子解决"要到哪里去"的问题。为什么要把这一章的名字命名为"找到属于自己的降落伞"?是源于一本叫做《你的降落伞是什么颜色》的书,这本书是由三位美国职业生涯专家所写,分为成人版和学生版两种,美国人在这方面做的工作比较早。在美国,因为许多孩子在高中毕业时不一定选择上大学,可能会选择去工作,或者去专门的职业技术学院继续学习,不像中国人这样迷信上大学,所以他们在这方面的研究比较丰富和领先。书中的降落伞指的是"技能、目标和欲望",因为每个人的这三点都各不相同,因此相当于不同的人降落伞的颜色也各不相同,而每个人都将被这些不同颜色的降落伞带到不同的人生和职业方向上去。

可能家长觉得非常奇怪,青春期的孩子有必要这么早就考虑关于职业方面的问题吗?那么请回答下面几个小问题。

4 找到属于自己的降落伞——让孩子勾画属于自己的职业未来

1. 父母是什么时候开始对孩子有职业期望的？

父母对孩子有职业期望绝对不是在孩子准备填写大学志愿时开始有的，而是在他们很小的时候就有了。还记得给孩子抓周吗？孩子周岁时父母会在孩子面前摆上许多东西，比如钱、书、玩具等。如果孩子抓到钱，父母就会觉得孩子肯定这辈子有钱，如果孩子抓到书，就会觉得孩子今后会成为一个读书人。这里面其实就蕴含着家长对孩子的人生和职业期望。

2. 孩子是从什么时候开始有职业意识的？

孩子开始有职业意识并不是在他们开始找工作的时候。其实，父母在孩子很小的时候就问过他们："你长大想干什么？"孩子们的回答往往是："我想当科学家、工程师、医生、老师等。"这些都是职业意识的开始。虽然孩子们压根儿不知道这些职业的具体要求，但是最起码对自己所说的职业产生向往，心生羡慕。我记得小时候邻居家的孩子最想成为崩爆米花的，因为他觉得干了这个，天天都可以吃爆米花，想吃多少就吃多少，想什么时候吃就什么时候吃。

3. 上大学选择哪个专业是孩子们经过认真考虑的吗？

绝大多数情况下，在读什么专业上，孩子们并未认真考虑过，往往都是经过父母的认真考虑，最后好像很民主地征求了一下本人的意见而已。但是征求孩子意见真的有用吗？孩子们压根儿就不知道那个专业代表了什么啊！为什么最终就要学它呢？家长给出的理由是：分数正合适，现阶段就业情况好。这些理由往往就决定了孩子大学四

年学什么,甚至决定了毕业后这辈子要干什么。至于是否喜欢,是否擅长,是否能够最大限度地激发孩子的潜能,是否能够发挥他们的优势,这些因素在选择专业时统统不重要。

4. 孩子们真的会按照大学时所学的专业选择职业吗?

据《2018年中国本科生就业报告》公布,近两年三分之一的大学生在就业时会选择与专业无关的工作。父母当然可以用要适应社会、适应就业平台来要求孩子们,也可以用就业困难来给放弃专业的行为作解释。但是,假如孩子们一开始就选择他们喜欢的、擅长的、最容易形成优势的专业,那么,是不是他们就会找到理想的工作呢?

什么是理想的工作?理想的工作与好工作其实是有区别的。好工作是做得开心,收入也不错,工作者大多数能力都能得到发挥。而理想的工作一定是你热爱,即使是没有什么钱赚也愿意做的工作。如果幸运的话,孩子们还可能因为选择的是他们热爱的工作,而把工作变成为事业。工作简单地讲就是"把当天的活儿干完",事业则意味着"更丰富的学习、更多的责任、更快的进步、更多的工作,当然也可能意味着更大的收益"。

看完以上四个问题,各位家长可能就会明白了,其实在孩子们完全无知时父母就赋予了他们职业期望,在他们很小时父母就有意无意地启蒙了他们的职业意识,在他们青春期后期则开始直接面对职业选择,也就是大学选专业,这一选择很可能决定了他们此后一生走向哪里,也就是"你往哪里去"的问题。

但是大家注意到没有，从职业意识到职业选择，其实中间有个巨大的空档，这个空档就是把意识变成试探，把试探变成体验，把体验升级为思考，把思考落实到行动和评估中，通过行动提升能力，通过评估产生比较，而有了能力和比较才可能更有效地进行选择。在现实生活当中，许多孩子在青春期这个从职业意识形成到面对职业选择的重要阶段，由于缺乏指导和训练就缺失了上面讲述的路线图当中某一个或者几个重要环节，而这些环节其实是绕不过去的，最终导致的结果是这些环节和因此而必须进行的能力训练都开始后移。这种后移的结果许多家长自身就有体会，许多人都是直到进入职场才开始评估是否喜欢自己所学的专业，才会去想如果早在几年前有人能够给予更系统的指导，可能职场通关之路就会更加顺利。我的大学同学中现在只有三分之一还在从事大学的所学专业。我现在在从事教育工作，同班同学里有一对夫妻，一个在做动画片，一个在卖海产品，还有一个旅居韩国的同学现在是韩国一所大学的教授，谁能够想到二十几年前我们毕业于化工专业呢？这就是我们自己的经历，难道家长愿意孩子重复自己的经历吗？2016年，有一则新闻比较轰动，一位2013年考入清华大学的学生和一位2015年考入北京大学医学部的学生，退学后重新报考北京大学，他们这么做就是为了选择自己热爱的专业。我非常钦佩这两个年轻人的选择和决心，但选择和决心的后面有着多少痛苦、争吵和挣扎呢？父母为什么要让自己的孩子去面对这种痛苦呢？大家应该从现在开始帮助孩子们寻找属于自己的那顶降落伞，并且让

孩子们开始学会驾驭着它飘向自己的人生和职业目标。

明白了为什么，下面是做什么和怎么做的问题。

首先，父母要帮助孩子找到他们最喜欢的。父母要弄清楚孩子最喜欢做的事情，他们最喜欢与谁在一起，他们最喜欢在什么样的环境里做事情。家长真的知道孩子最喜欢做什么吗？恐怕不一定，更多时候是把自己的希望当成了他们的喜欢。在孩子们的眼里父母希望他们最喜欢学习，希望他们最喜欢听讲大道理，希望他们最喜欢被管教，希望他们最喜欢模仿别人家的孩子。否则为什么父母会经常带着羡慕说："你看别人家的孩子。"接着用带着谴责的语气对自己的孩子说："再看看你！"显然以上所有希望都不是孩子们最喜欢的，包括学习。在高考的压力下，即便是最牛的"学霸"也很少有喜欢学习本身的，他们可能更喜欢学习带来的成就感和因此获得的奖励。

那么父母该怎么做呢？该如何了解孩子最喜欢做什么事情呢？很简单，就是给孩子提供更多了解世界、学习技能和展示自己的机会，通过引导孩子们自我观察，让他们认识到应利用好这些机会，弄清楚什么事情最能让他们集中精力、最能激发他们的想象力、最能让他们忘记时间，那件事情就一定是他们最喜欢的。可能有许多父母听到这个判断标准会很郁闷地说："按照这个标准，孩子们最喜欢的可能是玩游戏。"但事实往往不是这样。从表面上看孩子在玩游戏时精力最集中，想象力最丰富，也最能忘记时间，甚至忘记吃饭，其实那只是家长眼中的表象。我作为一个成人就曾经有一段时间沉湎于游

4 找到属于自己的降落伞——让孩子勾画属于自己的职业未来

戏,那时候我购买了人生中第一台个人电脑,本来是想用这台电脑来学习的,但是很快我就发现,还是游戏好玩。那时候还没有网络游戏,只是PC版的单机游戏,为了把一个经典游戏打通关,我连续三个月每天下班后就坐在电脑前狂打六七个小时,周末更是哪儿都不去,一直坐在电脑桌前,把饭端到电脑前吃,上厕所时都在思考攻略。当我打完最后一关时,我的家人差点就把电脑这个"害人精"砸了。但是,作为一个成年人,我会比孩子们多做一点的是,孩子玩完这个游戏就会马上去寻找一个新的游戏,而我则会反思自己为什么会像一个心智不成熟的人一样,做出连打三个月游戏的行为。现在我把得出的结论分享给大家。原因其实很简单,就是游戏者会非常迅速地在游戏里获得正向反馈。干掉了一个妖怪,马上就会加分,加分到一定额度就会升级,升级的结果是作战能力越来越强,挑战的妖怪也会越来越大,成就感就越强,这就是典型的正反馈激励。这种即时的正反馈激励在日常生活中是稀缺的。在实际生活中,许多正向行为根本就无法获得正向反馈,即便有,也会来得比较晚。这种激励对人的影响比想象中要大得多。绝大多数沉湎于游戏的孩子往往是在他人那里无法及时得到这种激励,所以就通过玩游戏来获得。中国父母有两个特点往往要不得,一个是对自己的孩子往往很严格、标准很高,孩子的许多正向行动在父母心目当中都是理所应当,他们认为孩子做了应该做的事情没有什么值得表扬的。这是中国父母大多数时候的心态。另外一个就是特别"谦虚",即便孩子非常优秀,他们也总会找到更

优秀的例子来向大家和孩子证明,其实自己孩子并没有那么优秀。与此同时,家长也会要求孩子谦虚,比方会说:"这次虽然你的成绩提高了不少,但是与第一名相比还是差距很大啊!"嗯,好像孩子自己没有眼睛,根本看不到这个差距似的,仔细想想这个问题,就会发现这种谦虚本身的可笑,又不是家长自己取得了好成绩,你们干嘛替孩子谦虚呢?所以沉湎于游戏的孩子最喜欢的并不是游戏本身,而是游戏给他们带来的正反馈激励,因为这种激励他们在日常生活当中很难从父母那里获得。

这个例子告诉大家,要尽量深入地去发现孩子们最喜欢什么,别只停留在表象。假如能够帮助孩子发现最喜欢的是什么,并且让他们拥有选择这一最喜欢的权力,那么他们所迸发出来的潜力一定是巨大的。比如说,许多家长采取各种手段来阻止孩子玩游戏,但是孩子们一定会用让父母感到震惊的激情和智慧来破解这些手段。虽然这是一个反面例子,但如果把这种潜力用到正确的地方,也一定会让孩子们达到一种不可想象的境界。

发现孩子最喜欢什么人、最喜欢什么环境、最喜欢做什么事也会让父母在引导他们正向发展和选择人生方向时事半功倍。

其次,在帮助孩子们找到"最喜欢"的同时,父母必然会发现许多有趣的结果。比如,某个孩子最喜欢运动,那么即便不一定会成为专业运动员,也一定会因此拥有强健的体魄和因为长期运动所训练出来的身体协调性,以及从事某项运动而锻炼的灵敏、速度、力量、耐力和拼搏精神。再比如另外一个孩子最喜欢和别人聊天，那么他即便将来不会成为外交家，也至少不缺少对于人情世故的了解和因为察言观色而训练出来的洞察力，因为语言表达而训练出来的沟通能力，因为与不同人探讨不同话题而扩展的知识领域，因为要寻找共同感兴趣的话题而衍生出来的共情能力，这些都会在今后的人生和职场上给他带来巨大的帮助。

我记得有一个非常严肃的父亲曾经担忧地告诉我他正在读初中的儿子特别喜欢炫耀自己的口才。作为父亲，他对儿子这一点并不满意，认为这种在口舌上的逞能不过是小聪明。确实，如果一个初中生因为自己的诡辩胜过别人而得意洋洋，这肯定不是好事，但是如果父母在平常的教育当中，非常平等、认真地问孩子一个问题："你觉得自己跟节目当中的主持人有什么差距？"我相信只要他真的喜欢这个方向，并且认真思考了，就会发现无论从学识、反应、语言、思考等各个方面，自己都还有很大的提升空间。很可能就此在他心中种一个小目标，谁知道他将来会不会成为名嘴呢？

最后，父母要帮助孩子们学会如何在更大的空间里和更长的时间轴上，找到对他最重要的东西。

明白什么是最重要、最有价值的东西，其实就是价值观的建立。这个话题非常大，我这里只分享其中的一部分。

第一，家长的行为目的。这个目的是要帮助孩子们学会建立价值观的方法，而并不是简单地给他们一个价值观，直接植入价值观的

教育方式可能在青春期之前奏效，事实上父母已经这么做了，因为孩子在青春期之前的价值观基本上都来自于父母。父母通过言行已经告诉了孩子这个家庭的价值观是什么，而出于对父母的无限信任，孩子也在这方面模仿家长的行为和价值观。有人说美国人通过大片输出价值观，其实家长每天都通过3D立体版的人生电影，在向孩子们输出价值观。但是当孩子进入青春期，接触的人与事急剧增多，家长的价值取向就变成了众多选择中的一个。这时候教会孩子们树立正确的价值观就非常重要了。这个过程跟他们去看世界、看自己很有关系，只有观察了世界，对比了自己，才可能产生思考，只有产生了思考，才会具备树立正确价值观的能力。比如，"新航道"曾经就有一个学生，出国的目的就是想做一位伟大的厨师，并认为自己的选择非常正确。他的父母并没有因此勃然大怒，去用自己的价值观说服孩子，而是利用各种机会为孩子搜集相关资料，甚至请国外的朋友帮忙寻找著名餐厅的菜单。这个孩子今后会不会从事厨师这个职业，谁都无法确定，但是可以确定的是，他一定学会了父母教给他的找到最重要东西的办法，就是去探索、去研究、去思考、去评估、去选择，之后再去决定。

第二，家长的态度和行为。在面对孩子否定自己的价值观时，家长不要惊慌害怕，更不要恼羞成怒。虽然孩子会对当初父母输出的价值观产生怀疑甚至否定，但许多在他们内心深处已经存在了十几年的观念已经成为习惯，不是说改就能改的。他们可能会因为逆反而当面否定家长的价值观念，甚至会说父母那套老土，已经过时了。许多家长听到过孩子这么说自己或者通过微表情来表达这个意思："你们的观念过时了，现在早就不按照你们那个时代的方式思考问题了！"孩子们说出"这个，你不懂"其实是一个标志，标志着孩子们开始建立一个自己认为的美丽新世界，在这个世界里他们开始重新认识自己所处的环境。而他们说"你们的观念过时了"这句话，则是另外一个标志，从这句话开始，他们准备按照自己的理念和方式来设计未来。不过他们没有认识到，这些设计最深层次的根基是树立在自己家庭现有的价值观基础上的。当然，假如发现孩子一直以来价值观念上都有问题，一定是家长自身的价值观念有问题，给了孩子负面影响。在这种情况下，父母要敢于面对、勇于承认，并且及时纠正。在青春期之前孩子是父母的复印件，而如果在孩子的青春期发现我们自己这个原件出了问题，就要敢于面对，为了孩子，也要去修改它。这种勇气的本身，就是一种选择，一种价值观的体现，值得孩子们去学习和效仿。

　　我女儿出国之前曾经有一段实习经历，当时因为种种原因她想中断实习，我则坚持认为应该按照原计划做下去。结果我们之间爆发了有史以来最激烈的对抗，她气哭了，我气得血压超高。最终冷静下来，我看到她已经在这件事上作出了能力范围内最大的努力，她之所以会这么做，就是基于我们在工作上共同的价值观，而我则不应该让她去做超出承受范围的事情。最终我改变了看法，接受了孩子的选

择。这世上所有的妥协一定是因为相互碰撞、相互了解，但永远应该是家长先理解孩子。如果父母总是要求孩子先理解父母，说明父母还把自己当成孩子，按照与孩子一样的思维和行为方式做事。

一旦父母帮助孩子找到了这些方面，孩子们就会通过实践去找到这些方面的交汇点，即最喜欢的、最擅长的、最重要的交点，这个点就是他们将来的方向。我讲的是方向，不是目标，目标是方向上的一系列结点，只要方向找对了，目标只不过是孩子们在这个方向上能够达到的阶段性距离。只要方向正确、方法得当，他们要做的是打起包裹，不断前进，坚持到底，去取得路上的一个个成功与胜利。

第三，大家不要担心孩子会对规划未来和职业方向不感兴趣，其实他们在这方面的兴趣比家长想象得要大得多。只不过，与孩子们谈起这件事时要注意方式、方法，如果选择在晚饭后非常正式地把孩子叫过来，跟他说："孩子，该谈谈你的未来了。"基本上可以断定不会得到什么好结果，以这种方式跟孩子谈，孩子要么会想："我又哪里做错了？准备用谈未来这种方式来批评我！"或者会想："又准备跟我讲大道理了！"无论是这两种可能当中的哪一种，他们都会产生逆反心理。

我跟女儿进行这个方面的谈话先是向她推荐了关于最喜欢的事情、最喜欢的人和最喜欢的环境的测试，我相信以孩子的好奇心，她自己会去做这个测试，所以我从来不问她做没做。过了一段时间，我们要一起进行将近7个小时的旅行，我就特意带了一本关于如何选择大学专业的书。一进入车厢，放好东西，我就把书拿出来聚精会神地看着，这个可不是装的，因为这本书我曾经浏览过，但却没有时间细看。女儿也带了她自己的书来看，过了一会儿，她看累了，看到我看得很有兴趣，就要求看我的。我开始不给她看，孩子的心理就是这样，越不给她看她越要看。之后，我才给她看了一眼，她扫了一下目录，并不是特别感兴趣，就还给了我。过了一会儿，我就对她说："你看，这里面有一个测试，我觉得挺有意思的，只要几分钟，填写完，就知道你大学适合学什么专业了。"这次女儿很感兴趣，她把书重新拿过去，开始做测试，因为她很好奇会有什么结果。做完之后，我们在后面找到了答案，有将近20个专业适合她。我接着又说："里面还有一个测试，也只需要几分钟，可以测试出你可能最擅长的专业，要不要试试？"这时她的兴趣已经完全被激发出来了，就又把第二个测试也做了，答案显示她可能会在30多个专业学习方面比较擅长。最后，我问她："要不要根据前两个测试，看一看你将来在哪个方面从业会更有发展？"我们就又在前两个测试的基础上，做了第三个，出来的结果是四条，分别是"厨艺和厨师管理""体育训练""健身和运动管理"以及"传播"。其中前三条让我们两个都大跌眼镜，因为之前女儿在厨艺的表现就是在餐桌上用吃剩下的食物梗、壳摆出特别漂亮的造型，同时她在体育上的表现并不是特别突出。所以，当时连我心中都有点质疑这个结果，而女儿则更是一脸疑惑。

　　但是，后来却发生了两件事。第一件事是我女儿在学习最辛苦的时候，开始有规律地锻炼身体，当然这个是我最希望看到的，因为我担心她的身心是否能够承受巨大的学习压力，但这个举动却完全是她的自主选择。这个好像就跟"健身和运动管理"扯上了关系。另外一件事是，她出国前曾经问了我一个问题，"假如有500万现金去做一个投资，你会做什么？"我说："当然是给你妈妈，她爱干嘛就干嘛。"我接着问她："如果你有500万现金，你准备做什么？"她说出了一个最让我意想不到的答案："我会去开一家最好的餐厅！"所以，到现在我也不知道是测试结果真的那么准，还是这个结果给了孩子心理暗示。总之，只要方法得当，孩子们不但不会拒绝父母帮助他们规划未来、规划人生、规划职业，反而会很喜欢，因为每个人都会对自己的未来充满好奇。

　　今年我女儿完成了她的一个心愿，在20岁前完成了"半马"。暑假时她趁着我不在家，自己搞了个四菜一汤，其中包括清蒸鱼和粉蒸排骨这种需要有一定基础的料理。

做给他看——父母在孩子"青春期"所起的表率作用如何实现？

　　如果父母想让孩子提升自己的社会竞争力，将来能够找到一份自己喜欢并且愿意尽全力去做的工作，就得表现出对正在从事工作的热爱，让他感受到自己从这份工作能够得到尊重和自豪，让他知道能够找到一份自己热爱的工作，才是找到了一份好工作，才是找到了一个能够充分发挥自己的才智、能力和热情的舞台。

家长笔记：

5 做给他看——父母在孩子"青春期"所起的表率作用如何实现？

孩子笔记：

家长笔记：

5 做给他看——父母在孩子"青春期"所起的表率作用如何实现?

孩子笔记:

和孩子一起定制未来

优秀的教练会给运动员树立一个做人、做事的态度和标准,从而把优秀表现打造成优秀习惯。在孩子的青春期,父母的表率作用也尤其重要。在孩子小的时候,他们通过父母的语言来了解世界,尤其是在他们没有或者也不可能接触的方面,孩子们更倾向于通过父母的描述来理解和接受一切,他们更信任比自己年长的人的判断。但是,当他们进入青春期,对于许多事情开始渴望了解细节的时候,仅仅告诉他们怎么做,已经不能够满足他们的需求了,因为他们想知道如果不这么做会怎么样,是不是还有其他办法能够达到同样目的。他们更强调的是一种亲历、一种体验。在这种情况下,唯有把"按照我的要求做",变成"看着我做"和"跟着我一起做"才能真正让孩子们接受整个过程,甚至进一步了解、掌握和认同这件事后面的逻辑系统。那么家长能够做什么事情来达到这个效果,从而造就孩子,并且建立起他们的社会竞争力呢?很简单,只需要四个字——"做给他看"。这四个字说起来简单,其实并不容易做到,因为首先这个"做",就好难。

家长自己能做到找到一份好工作吗?不要以为孩子们会按照成

人世界的标准和方式评判咱们的工作,成年人可以认为只要能够赚到更多的钱就是好工作,但假如我们不喜欢、不重视这份工作,回到家从来都不谈起这份工作,甚至也不愿意向家人或者孩子提起这份工作,孩子会认为父母找到了一份好工作吗?在他们的世界里,如果喜欢学校、班级和同学,就一定会分享与之有关的趣事。所以孩子们不会理解,父母只是因为赚钱多就去做一份自己不喜欢的工作,也不会接受为了赚钱,就可以忍受做自己不喜欢的事情或者跟自己不喜欢的人在一起。同时我相信家长也不会希望孩子树立起这种价值观,因为如果孩子愿意接受这个观念,今后他为了拿到更多的零花钱而欺骗我们,就不要怪他,他是跟我们学的。因为既然为了钱父母愿意用人生中最宝贵的时间去做不喜欢的事情,欺骗我们的本心,那么他为了钱而跟家长说谎,其实也没有什么大不了的。所以,如果父母想让孩子提升自己的社会竞争力,将来能够找到一份自己喜欢并且愿意尽全力去做的工作,就得表现出对正在从事工作的热爱,让他感受到自己从这份工作能够得到尊重和自豪,让他知道能够找到一份自己热爱的工作,才是找到了一份好工作,才是找到了一个能够充分发挥自己的才智、能力和热情的舞台。

中国父母很多时候可能缺乏在工作上的成就感,因此也就没有这方面的荣誉感,最后搞得孩子们小小年纪也把工作当成一件养家糊口的事情。在给多少钱就干多少活的员工身上,我能够感觉到他们的父母回家谈到工作时也一定不会是积极的态度,因为在他们心目中,

工作只为混口饭吃。在青春期,如果孩子产生了这种认知,成年后他们就会对工作产生一种天生的排斥感。

还有一种情况也比较常见,父母不是对自己的工作没有感觉,干脆就是不喜欢,有了这种负面情绪,又不打算换一份自己喜欢的工作,就只有当着孩子的面对别人说:"孩子长大了,一定不让他做我现在这份工作!"潜台词是"我这辈子干这份工作,干错了!不能再让孩子上这个贼船了!"这么说话到底想传递给孩子什么信息?想告诉孩子家长是一个事业上的失败者?干这份工作亏大了?可能家长只是下意识地说了这些话,或者是在心情不好时说了这些话,但却没有意识到自己因此在孩子面前减了分。孩子如果认可这句话,他首先会看不起这份工作,其次会更看不起父母,因为既然不喜欢这份工作,也不打算让孩子做这份工作,还在这里凑合什么呢?还愿意在这里面凑合,只能让孩子认为父母除了这份工作再也找不到其他工作了。接下来的推理就是父母要么懒,要么没本事。我见过母子俩在公共场合吵架,妈妈说:"做学生就应该热爱学习,学习就是你的工作,你要热爱它。"我相信父母基本上都曾经跟自己的孩子这么说过。她十几岁的儿子一句话顶回来:"你总抱怨自己的工作不好。"大家请注意,他使用的是"你"而不是"您"。"你自己热爱吗?你不爱,凭什么要我爱呢?你至少还赚工资,我还啥也没有呢!"妈妈当场愣在那里。

还有第三种情况,有些父母热爱自己的工作,对工作有着火一般的热情，但是他们在"给他看"上还做得不够。我记得我的父母就不太愿意将我带到他们的工作场所，虽然他们在工作方面都非常优秀。我的父母在同一家企业工作，几万人的企业只选十多个人表彰，他们两个居然各占了一个名额。但是他们却很少让我和姐姐去他们的单位，一方面是因为工作纪律要求，另一方面是因为他们严格地将生活与工作区分开。由于是双职工，有时他们不得不把我和姐姐接到单位的传达室，让我们在那里等他们下班。我们可以从传达室的窗户看到他们消失在厂房里，不知道他们在里面做什么，或者他们到底做得怎么样。每年他们都会往家里拿奖状，都很谦虚地放在抽屉里，来了客人提到这些，他们也都是马上打断，好像这些东西不值一提。当然他们很珍视我们获得的奖状，可我和姐姐一直是中游生，拿不回来多少奖状，但是他们也不知道我们对他们的工作状况非常感兴趣。我不知道有多少家长愿意带自己的孩子到自己的工作场所走一下，当然有些职业会受到限制，但是对于没有限制的职业，我建议父母能够带孩子去看一下。

　　带孩子到自己的工作场所看的时候要有些设计，因为仅仅看是不够的。家长应考虑要让孩子们看到什么。看到了什么决定着他们对父母所做工作情况的判断，同时确定了他们对父母在工作当中角色的感性认识。一次，我在北京某个著名中学做讲座，问现场的高中生，有多少人参观过父母的工作场所？有一大半学生举手。这些孩子的父母不管是不是有意为之，确实做得不错。不过当我又问到，有多少人

愿意从事父母的职业时，举起的手哗地放下一大片，只有两三只还举着。这说明许多父母带着孩子们去了自己的办公地点，应该是没有经过任何设计的。很随意地带孩子进入办公区域，随手指着前台的沙发或者办公桌对面的椅子说："你先自己学习，我把手头的工作搞完，咱们就走！"之后就埋头赶自己的工作，生怕耽误一分钟，丝毫没有注意到孩子正在好奇地、充满兴趣地看着周边环境，也没有注意到自己零乱的办公桌和脏乱的办公室。于是，孩子们就建立起了第一印象：原来在办公室的父母和在家里的父母完全不同。

所以带孩子去自己的办公场所一定要设计，尤其要重视青春期的孩子去自己办公场所的经历。我们都知道第一印象很重要，因为孩子们看不到父母所有的工作状态，能看到的也就那么一段，而这一段很可能在他们的概念当中就代表着父母在工作上的全部形象。同时他们在第一次去办公场所之前一定充满着好奇，感觉很神秘，因为毕竟那是爸爸妈妈除家庭以外花费时间最多的地方，在这个地方父母们赚钱来供养家用，并且贡献着自己的智慧和精力，取得了事业上的成就，还有同事们的尊重，所以孩子们是充满好奇的。我记得自己第一次进入父母的办公场所，甚至感觉是一件非常神奇的事情，看到什么都觉得很新奇。所以，如果父母想让孩子对工作本身，或者至少对自己所从事的那份工作有着尊敬、认同的感觉，就要好好设计第一次带孩子去办公场所的经历。

设计的第一个要点，就是要想好自己的工作应该给孩子留下什么印象。虽然不可能完全站在孩子的视角看这个世界，但家长们还是应该好好想一下目标是什么。比如，是希望让孩子看到工作本身受人尊重的方面，还是看到本人在工作当中因为专业度而受人尊重的方面？虽然两个都是尊重，但是有很大区别。工作本身受尊重来自于社会的普遍认可，而个人在工作当中的专业程度则可能来自于客户和同事的认可、感谢或者称赞。这里强调一下，我说的是对父母本人的尊重，我不建议家长去想办法体现周边人对父母权力的尊重，我相信大家都明白孩子对父母工作本身或者个人本身的尊重，比他对父母所拥有权力的尊重更重要，权力并不会永远伴随我们。如果把孩子带到办公室就是为了看父母怎么摆谱，怎么去让秘书、助理买早点，怎么大声吼属下，让同事在父母面前俯首帖耳、没有自尊，那还是算了。因为对于一个处于青春期，开始逐步学习如何尊重别人和尊重自己的孩子，这样的行为绝对不会起到任何正面作用。最好的结果，也不过是让孩子替父母感到难堪，为父母感到脸红。而如果他对此以为理所当然，那就更可怕了。因为他从此不会尊重人，而只会崇拜权力。当然，父母也可以考虑让孩子感受到从事的工作非常有趣，或者个人在工作中非常敬业。总之，有一个目标和主题总比什么也没有强。

设计的第二个要点是，选择什么时间带孩子去自己的办公场所。不要在最忙的时候去，虽然忙碌可能让父母在孩子眼中看起来更重要，但那也意味着根本没有时间去落实为孩子做的设计。想想看，一边看邮件一边接电话，哪还有注意力盯着孩子呢？如果没有精力分

和孩子一起
定制未来

给他,我们还能指望他能从办公夹、文件柜或者技术图纸和专业书籍里了解到什么?我女儿在高三上学期开始全面进入出国留学准备的状态,她的教室在我的办公室楼下。每天我们一起到公司,中午我到楼下去找她一起吃饭,她很少进我的办公室,而我一进办公室就开始处理工作,忙得不可开交。不过有时她也会在课间从楼下跑上来,过来看看我在干什么。有一次,我不在办公室,她进来了,突然对我的工作笔记产生了兴趣,翻看了一番,最后还在我潦草的笔记旁边工整地批注"字太烂了!""这不是人类的文字!""好好练练字吧!"我看了之后感觉,虽然我在保密方面做得很到位,她可能基本没有认出我写的是什么,但是很明显她无法从工作笔记里感受到我的专业程度和思维能力,于是我就这么失去了一个引导孩子学习的机会。所以,我建议大家带孩子去办公室,最好不是因为没办法所以被动带过去,如果条件允许就选择一个相对宽松的时间主动带过去,这样就有时间兼顾两边。

设计的第三个要点是,挑选工作当中有意思的部分展示给孩子看。父母工作当中总有有趣的部分,但是也有不那么有趣的部分。不管有趣的部分是在工作当中与其他人互动,还是独自完成一个任务,甚至可能是某个特别的环境或细节,都可以根据设计的目的展示给孩子看。我父亲原来在电话中心工作,他带我去了现在早就没有了的电话转接中心。我亲眼看到只有在老电影里才能看到的景象,一群漂亮的女孩子在机器前面不停地边呼叫边把不同的线插进不同的孔里,从而让远隔千里的人能够通上话。我当时觉得神奇极了,也对父亲的工作佩服极了,当然也对漂亮女孩子心生向往。我夫人是一名初中老师,自从女儿上高中以后,我夫人就会拿一些教学上的问题来征求孩子的意见,把一些新的想法跟孩子分享,很平等地讨论。其实这也是从另外一个侧面让孩子介入工作,给他们展示完成一件工作是有许多可能性的。由此他们会感受到工作是一件愉快和有创造性的事情,而家长在他们心目当中也会变得更加高大、完整。

设计的第四个要点是,挑选几个父母很尊重、也很尊重父母,同时也很优秀的人与孩子聊聊,当然聊之前最好先告知对方一声,进到人家的区域也要做一个事先确认,这既是工作礼仪,也是为了取得最好的效果。我相信只要提前打好招呼、做好确认,任何人都愿意接受孩子的访问,会替父母做不少真心实意的宣传。记得有一次一位德高望重的同事请我女儿吃寿司,除了教会她寿司这个单词,还语重心长地告诉我女儿,我是一个好爸爸和优秀职业人士。虽然我觉得自己并没有那么优秀,也不是我要他讲这些的,但是平时这种话家长自己是没法说的,青春期的孩子非常敏感,他们不喜欢别人硬把某些东西放进自己的思想里,如果家长自己说,基本上会受到孩子的质疑甚至反感。但他们会认真去倾听和思考另外一个人对父母的评价,因为他们对父母在别人眼里是什么样非常感兴趣。父母是否很专业,在工作场合是否受人尊重,在孩子们的眼里,这些人的态度和评价往往就是一个衡量标准。

　　以上就是我认为要达到"做给他看"这一目的应该使用的方法和步骤。可能有些家长会说，犯得上搞得这么复杂吗？有这个必要吗？我就想问一下家长，如果在家里想煮一碗面给孩子吃，完全可以把面在锅里煮熟，捞出来放点咸菜，孩子能不能吃下去呢？只要他们饿了，都是可以吃下去的。但是如果这么做了，在孩子眼里，要么说明父母态度有问题，懒得给孩子做一碗好吃的面条，要么说明父母能力有问题，根本做不出一碗好吃的面条。现在父母每周可能都必须抽出时间来陪孩子去学这个课，上那个班，而带着孩子有设计地去一趟办公地点并不会占用太多时间。但如果通过这个行动为孩子树立了一个在工作方面可以参考的标准和让他向往的目标，比天天盯着某道题对了错了，效果会更好。

　　同样，父母也都可以用行动告诉孩子什么样的表现才是好伴侣、好朋友、好家长、好公民。有人曾经用复印文件来比喻父母与孩子的关系，生活中，父母就犹如原件，家庭是复印机，孩子是复印件，我自己再加一个就是"做给他看"是扫描光线，原件只有通过扫描光线才能把自己的内容转化为复印件的内容。复印件出了问题要改正，首先要改的是原件！当然最后肯定是原件和复印件一起改，道理同样适用于家庭教育。要解决孩子的问题，首先要解决家长自己的问题，从根源上解决问题。要提升孩子的社会竞争力，首先父母就要努力去做一个有社会竞争力的人。工作不一定很赚钱，但是家长要表现得像一个好员工。没有任何一个伴侣是完美的，但是家长得表现出很尊重、很爱对方，把对方的意见当回事，不能只有自己说了算。家长跟自己的朋友们在一起时有许多有趣的、有想法的事情聊，别一见面就只顾娱乐。家长应把自己的家庭当回事，愿意向成为一个合格的甚至优秀的家庭成员努力，并且让孩子看到自己在努力。

"做给他看"有两个基本点，一是"做"，就是要有行动，行动要正向；二是"看"，就是让孩子能够看到这些正向的行动和表现。但最重要是一个中心，就是"他"，想让孩子成为什么样子，想让孩子在心中对于自己的社会竞争力树立起什么标准？家长就要知道自己做出什么样子，才能对"他"有积极的影响。

2006年有一部改编自真实故事的电影叫做《当幸福来敲门》，讲的是美国黑人投资专家、美国加德纳理财公司执行长克里斯·加德纳的真实故事。电影主要内容是一位濒临破产、老婆离家的落魄业务员，如何吃苦耐劳地尽了做父亲的责任，并奋发向上成为股市交易员，最后成为知名的金融投资家的故事。这部电影中有一句话："如果你有梦想的话，就要去捍卫它。那些一事无成的人想告诉你你也成不了大器。如果你有理想的话，就要去努力实现。"这句台词现在听来只不过是句老生常谈，但是假如你是一个观众，看到了这个业务员为了这句话所付出的努力，看到了他在孩子面前表现的勇敢，就一定会为之折服。而我相信在现实生活当中，作为父母的我们如果在孩子面前表现出了足够的努力，那么这个努力将成为能够打动孩子的人生瞬间，并成为他们的人生财富。

从巨人到教练
——父母要找到属于自己的位置

家长要认清青春期对于孩子成长的机会和意义,了解整个变化的趋势,适应并且把握这种趋势,学会借势,不要逆势而为。让孩子看世界、看自己、看未来的前提是家长要探索、学习孩子眼中的世界,像孩子一样看世界、看自己、看未来,父母既可以帮助孩子,同时也能够提升自我。

家长笔记：

孩子笔记：

家长笔记：

6 从巨人到教练——父母要找到属于自己的位置

孩子笔记：

在思考父母如何像教练一样指引孩子时,家长要认清青春期对于孩子成长的意义,了解整个变化的趋势,适应并且把握这种趋势,要学会借势,而不要逆势而为;要与孩子建立起合作关系,把握并且坚持"合作"这个处理与孩子关系的成功之道;在青春期要当教练,以教练的心态、身份和方法去实现与孩子的合作,将青春期过渡与提升社会竞争力相结合,从而实现"得法"地帮助孩子;让孩子看世界、看自己、看未来的前提是家长要探索、了解孩子眼中的世界,像孩子一样去看世界、看自己、看未来,这样父母既可以帮助孩子,同时也能够提升自我。

孩子们在青春期会发生一系列变化,这些变化意味着家长不可能再像孩子小时候一样,帮助他们操办一切。如果父母坚持当一个可以替孩子操办一切的巨人,坚持在任何事情发生时都挡在孩子前面,去承担一切风雨,让孩子生活在父母构建的安全、舒适、风调雨顺的温室里,那么一方面家长将面临越来越尖锐的挑战,另一方面孩子们也会对家长事事代理、条条过问逐渐产生巨大的反感,最终双方之间爆发旷日持久、两败俱伤的战争。这种战争今后对孩子的成长如果是有正向作用的，说明孩子有自己去看世界、闯世界的想法，假如孩子放弃了去探索世界的想法，老老实实地待在父母划定的圈子里，那才是一种悲哀，最终父母将亲自吞下自己种的苦果。

既然孩子们成长的力量不可遏制，既然他们早晚要投身到这个世界，那么父母就要升级自己来适应这种成长，将原来力量、速度、智商、常识的各种优势，转变为智慧型、引导型、教练型管理，顺应发展趋势，从巨人向教练转变，从控制向合作转变。

家长将如何实现这种转变呢？最重要的是要从以下四个方面认识到巨人与教练的不同。

首先是心态不同。怀着巨人心理的家长表现为，孩子的任何事情都一定要知道，如果有什么事情他不知道，那孩子简直就是大逆不道、不可饶恕。同时家长不但要知道，还要按照自己的三观插一脚进去，不管孩子是否喜欢。做这种事的家长最喜欢说的一句话是"我是为你好"，这种家长打算什么时候收手呢？是直到培养出一个现在无法为自己负责，将来也不打算为自己负责的巨婴为止吗？

另一个表现则是在孩子面前各种炫耀，在知识、技能、经验、判断力上，往往不等孩子问，就忙不迭地显摆一下，好像没有孩子的崇拜就活不下去似的。这种说法有点刻薄，但是这种情况，在我身上也发生过。有一次我帮女儿约了一个人吃午饭，结果整个中午都是我在跟对方讲话。吃完饭女儿抱怨我占据了太多讲话的时间，她根本没有与对方沟通的机会。我还挺郁闷，心想："我不是怕冷

场么?"现在看,无论当时我的内心是怎么想的,但我表现得都很像个巨人,觉得自己可以搞定一切,就不由自主要露一手。而教练的心态就不同,教练的心态是合作和放弃优势。为什么教练是这个心态,父母去看一下比赛现场就知道了。教练再牛,在赛场上的那个都是运动员,最终结果也一定是以这个运动员的表现为准。即使这个教练曾经是世界冠军,他也只能在下面看着,最多在关键时刻叫停指点几句,哪怕比分落后时他也不可能冲上去自己来,即便真的能赢得比赛,也不行。

如果家长不是只把眼睛盯在孩子身上,而是看一下周边环境,就会知道在属于孩子们的比赛场上,在属于他们的社会竞争当中,主角永远是他们。家长们再着急,孩子们再稚嫩,家长也不可能、更不应该冲进他们的比赛场,去主导他们的社会竞争活动,因为孩子的生活父母替代不了。

让孩子去看世界、看自己和看未来,在这三点上父母根本替代不了他们。家长不可能把自己看世界的想法做成PPT全部灌输给孩子们,也不能够把自己对孩子的看法变成孩子看自己的看法,更不可能用自己的眼睛去预测孩子们的今后。家长如果能够看到自己几十年后是什么样,都可能还要挣扎一下、改变一下,假如现在真能看到孩子的未来,那么该多没意思。就好像当年我很难接受像自己的父母一样在同一个机构里面干一辈子,所以在央企工作十年后我选择了离开。既然替代不了,是不是就应该像教练一样退到旁边,把赛场让给孩子们，而父母则在旁边尽量以一个合作者的态度去为他们出谋划策、呐喊助威，或者在他们赢得胜利时亲手送上鲜花呢？这才是一个好教练的样子，不愿意放弃亲自上场比赛的人永远做不了教练，教练唯一能够做的就是带领运动员参加各种各样的比赛，让运动员们看到这个世界里有什么。很多家长在孩子遇到一次小失败时，往往不是鼓励他们重新站起来，而是好像终于找到一个让对手流泪的机会一样冷嘲热讽："你把我的脸丢光了！我像你这个年龄早就做到了。"醒醒吧，孩子们的战场只属于他们，别用自己的优势绑架孩子。绘画大师的孩子不必也是绘画大师，他也可能成为一个厨师；职业经理人的孩子，又为什么不能成为一个健身教练呢？家长在孩子身上延续的不是自己的特长，而应该是解决问题的态度。

其次是位置的转变。巨人的位置在哪里？大家看过魔幻大片就知道了，两军对垒时，巨人一般都在前面负责冲锋陷阵，以攻破敌方堡垒为己任。教练的位置在哪里？郎平在排球界的位置算是高的了，她既是优秀运动员出身，也通过带队成绩证明了自己是一个优秀的教练，她的位置在哪里呢？既不在球场上自己队伍的前面，更不在队伍当中，而是坐在比赛场外，即便是现场进行指挥和控制，对赛场的影响也是非常有限的。一个好的教练就应该安分守己地待在场边，最多利用一些暂停或者换队员的机会鼓励、调整一下场上的选手，或者从第三方角度告诉自己的队员，对手的弱点在哪里。孩子处于青春期的家长也应该这样，虽然会无数次产生想冲上去的

冲动，但也要按下这个念头，在比赛场外好好待着。许多家长经常会出现按捺不住的情况，在孩子面临事情时，他们要么一下子冲过去指责孩子，要么帮助孩子对付对手，甚至还有许多时候会谩骂"裁判"。父母想象一下假如这种事情出现在赛场上，会是什么结果呢？首先无论是否有理，观众席上肯定都是一片嘘声。在处理孩子的问题上也是如此，旁观者会用异样的眼光来看这个家长，当然父母可以满不在乎地说，我们不是为了别人活着的，要活出自己的风采，干嘛管别人的看法。但这种方式对孩子真的没有正面影响。在遇到问题的情况下，如果本来就是孩子应该自己去处理的事情，家长非要插一手，青春期的孩子们会感到羞愧和愤怒，因为在他们准备去探索世界并试着用自己的方式解决问题时，家长以这种方式跳出来，会让他们觉得父母和自己都很丢脸。家长丢脸在居然跑进属于孩子的赛场来干涉，孩子丢脸在正当自己像一个成年人一样准备为自己的行为负责时，突然跑出来两个人表示："孩子，你不能独自为这个选择负责，还有老爸、老妈呢！"这个行动在孩子眼里只意味着一件事：父母压根儿不信任我能够把这件事做好，他们还把我当成小孩子。更重要的是，父母还在其他人面前通过行动进行了表态："我的孩子无法为自己的行为负责，得父母出来才行。"所以，如果您真想让孩子顺利度过青春期，并且有所成长，就把挡在他们前面的路让出来，不要掺和其中，要像教练一样，在旁边找一个位置，这样做既方便侧面观察，又能让孩子听到自己的声音。

再次是行动的转变。巨人的行动是，问题当前二话不说，直接用行动解决问题，并且解决问题的效率一般都很高。随之也带来另外一个问题，就是他们缺乏耐心、见不得别人做事速度慢于自己。教练则不同，他们从挑选有潜质的选手开始，就知道要经历一个漫长的过程，既要不断与这个选手进行磨合，也要不断提升这个选手的获胜能力。所以，即便教练有直接赢得比赛的办法，也坚决不直接告诉选手，而是引导选手通过自己的体验去寻找解决问题的方法，最终使其具备解决问题的能力。家长也应该这样，即便能够轻而易举地帮助孩子解决在他们看来千难万难的问题，父母也只能做旁观者，让他们尽力而为，直到向父母求助。即便他们向父母求助，家长也只是有限地帮助他们，更多的是去引导他们解决问题。

有智慧的家长在面对孩子提问时最擅长提出反问。比如孩子问："怎么才能提高学习成绩？"一个好的回答应该是："你觉得除了现在自己用的方法之外，还有什么办法能够提高学习成绩？"首先这个提问并没有否定孩子现在的方法，其次这个提问是针对解决方案的。

最后是结果的改变。有了巨人相助，就好像有了阿拉丁神灯。但是人生问题终究还是要靠自己去解决，可能家长会守护孩子一直到读大学、参加工作，甚至帮助他们选择人生伴侣，但是当他们与伴侣出现感情问题时，父母还准备亲自上阵吗？当他们在工作中遇到难题时，父母还准备帮他们完成任务吗？当他们在面对自己孩子的教育

时,父母还打算替他们完成孩子的教育吗?如果家长真的去做了这些事情,觉得孩子就会感激自己?错了,他们会越来越觉得自己活得没有存在感,而对家长的要求也会越来越苛刻!人力资源管理当中一个非常重要的原则就是责任、权力、利益必须是对应的。当一个人没有了责任,其实他也就丧失了权力和相应的利益,这个利益在某种程度上来说就是成就感和满足感。如果父母剥夺了孩子们享受这两种感觉的权利,最终结果一定是他对责任无限逃避。如果孩子在青春期不曾承担过一点责任,难道你指望他会某天早上起床突然觉悟并开始承担自己应该承担的责任吗?而相反,他对权力则是无限渴求的,因为他不必为此负责,也不必承担后果,所以这种权力就是没有限制的,同时也是极易无限扩张的,直到触及父母无法企及的边缘。然后他们一定会转过头来问父母:"为什么世界是这样的?为什么在这个地方我走不过去?一定是你们做得不够好,所以才让我在这件事上不开心,才让我没有别人过得好!"之后对家长心生怨恨。我们经常会听到这样的新闻,因为没有满足孩子的要求,父母遭到孩子的谩骂、污辱甚至暴力。他们之所以会有这种举动,潜在的逻辑就是满足他们这些要求就是家长的责任,而他们有权力无限制地提要求,如果家长无法满足要求,他们就通过惩罚家长来解决问题。

教练会怎么做呢?他让选手清楚的是,如果赢了比赛最终获得胜利、站在冠军位置上的是选手自己,而如果输了比赛,被舆论骂得最惨的也是选手本人,所以选手唯一的选择就是对自己在场上的表现负起全部责任。而要负起责任，唯一的办法就是在场下付出更多的努力去练习，不停参加各种比赛去寻找战胜不同对手的办法，除此之外，别无他法。所以真正伟大的教练是不会给自己的选手找兴奋剂来吃的，因为他知道自己在造就的是一个伟大的冠军，这个冠军有血有肉，有自己的生活和未来，所以他会用尽全力让弟子发挥自己全部潜力奔跑起来，而不是扶着他，更不是通过降低门槛来让他付出比别人更低的代价来获得同样甚至更高的成就。

  作为家长也是如此，在帮助孩子时如果像教练对待运动员一样，时刻以提升他的社会竞争力为准，帮助他提升解决问题的能力，这么做的结果一定会得到一个知道要为自己的行动负责、会为了自己的目标而努力、了解最终解决问题要靠自己实力的强大的孩子。如果是这样的孩子，你会担心他的学习吗？不会的，因为那是他自己的事情、他自己的选择，他自己会规划时间去解决。

  我女儿为了获得理想的出国考试成绩，备考期间每天都学习到很晚，而我则晚上11点准时睡觉，我夫人就曾经对我说："咱们两个是不是有点没有正事啊？孩子还在学习，咱们不说给端茶送水、嘘寒问暖，倒先睡了，合适吗？"我说："有什么不合适的？出国是她的选择和决定，她不为自己的选择和决定奋斗，还有谁能代替？"所以大家看看，因为是孩子的选择，这个问题就解决得如此简单。所以，如果家长把自己当成教练，不断强化孩子自己解决问题和作出决断的能力，虽然在短时间内看好像是浪费了孩子看课本、做习题的时间，

但从长远来看其实是让孩子向着正确方向,向着从青春期的少年转变为成年人迈出了巨大的一步。

家长态度的转变自然会引发位置的变化,位置的变化一定会导致行为的改变,而行为的转变就是从现在开始的一点一滴,到最终改变了结果。要在孩子青春期做好他们的教练,家长必须明白四个字——"势""道""法""术"。

第一个字是"势",这个"势"就是大势所趋的"势"。孩子进入青春期的各种变化,以及他们最终通过青春期成长为成人的阶段性任务,形成了促进家长转变角色、定位和方式的大势。大势已定,家长就不要逆势而动,而应该顺势而为,只有如此才能既符合孩子成长的规则,更能够让孩子和家长都身心愉快地度过这个阶段,并且在这个阶段能够有所得。陪伴孩子度过青春期的过程,父母本身也会因此获得更多成长和收获,希望这些成长既会成为家长和孩子的美好回忆,更能成为家长自己人生成长的一个美好阶段。

第二个字是"道",就是大道至简里的"道"。这个"道"是父母在孩子青春期,也是在提升孩子社会竞争力的过程中一直要坚持的理念和原则。这个"道"其实很简单,就是在孩子的青春期里家长要把自己从巨人变为教练。以我二十多年的人力资源管理经验和十几年的机构创业经验,任何成功的理念一定是简单、易懂但是难行的,简单才好重复,易懂才能传播,但是操作起来肯定就不容易。这就是有人能做成,而有人做不成的原因,道理简单、好懂并不意味着大家就会去做，去做了也不意味着会去坚持着做，这就是所谓的知易行难。

对家长而言，最难改变的就是自己的习惯，父母在孩子青春期之前一直保持着心理上的优势地位，这从他们与孩子沟通时大多采取命令方式就可以看出来。

之前父母责备孩子时经常用的一句话是："你这孩子，怎么这么不听话呢？"这句话后面隐含的意思：（1）家长说的话都是对的，是不容置疑的。（2）既然说的都是对的，你不听就是你不对，你要想做对，就需要无条件听父母的。

家长形成这种思维方式不是毫无理由的，在青春期之前，孩子们在身体上弱小，在智力上尚未发育完全，没有经验累积，对社会规则更是了解得不多，所以需要家长保护、教导和管理，他们既然承担了这个责任，也就拥有了相应的权力，认为有权在自己认为危险的时刻以强力手段制止孩子的任何行为。但是，进入青春期后，父母的责任本身发生了变化，孩子们逐步认识和使用自己的力量，在与同学、社会、网络接触的过程中了解更多规则。他们开始要求家长把部分责任交给自己，从自我保护意识的提高，到通过其他渠道的自主学习，以及在父母看不见的情况下的自我管理，都促成了这种改变。之前多年形成的家长与孩子之间的责、权、利开始失去平衡，而一旦这种平衡失去，在此基础上形成的稳定结构肯定也不会长久。而当孩子们开始主动承担责任时，也就开始要求家长交出部分权力。

比如说：马上要到春节了，既然家长给了孩子压岁钱，青春期的孩子一定就会要求获得处理这个钱的权力。他们出于尊重会征求家长的意见，但是家长们如果想控制他们如何花压岁钱，孩子要么宁愿不要这个钱，要么就开始想办法欺骗，显然这两种结果都不是父母希望看到的。一旦家长交出权力，也就意味着双方至少在某些方面是平等的地位。如果是平等的地位，也就只有合作或者不合作两种可能。家长难道还打算跟孩子搞不合作的抵抗政策？那只是弱者的抗议方式。所以即便家长装样子，至少也得摆出来不计较、不在意的姿态，平和面对，该干什么还干什么，在孩子面前永远做一个暖爸暖妈。所以从现在开始，时刻以一个教练的身份和标准要求自己，才是与青春期孩子的正确相处之道。

第三个字是"法"。当教练也是有方法的，任何事情并不是心里认准道理，全力以赴就能取得成功，许多优秀的运动员最终也并不能成为好教练。大道虽然简单，但法门永远无数。不过，再厉害的法门也是人悟出来的，在这里介绍几个简单的法门给大家。

首先，站在孩子的角度思考问题。在孩子处于青春期时，许多时候父母无法理解孩子的行为，同样孩子也很难接受父母的想法。从根本上讲这是因为大家无法站在对方的角度思考问题，所以也就无法相互理解，既然无法相互理解，那就更难达成共识，合作也就无从谈起。孩子是无法站在家长的角度思考问题的，因为他们既没有父母的阅历，更不可能模仿父母的角色；而家长曾经是孩子，同时教育孩子是自己的责任，所以父母就必须也只能站在孩子们的角度思考问题。

我的女儿撰写留学申请时有一段话："每个学生都是发展中的不同的个体，当还没有站到他们的角度思考问题的时候，当还没有完全感知到他们的需求的时候，父母怎么就可以判定他们需不需要父母的关注，怎么可以对他们是好学生还是差学生下结论？……让他们在人生最开始的道路上感到自己与其他人并不相差什么，通过自己的努力，就可以收获到想要的东西。"这里面的每个字都发自一个青春期孩子的内心深处，并道出了所有青春期孩子的心声，希望能够引起家长的重视，而不要漠视孩子们的这种需求。

其次要培养孩子有一个好人品。现在社会最重要的是协作与链接，越擅长与周边环境和工作伙伴协作，同时实现信息的充分链接和共享，越有可能获得最重要的资源，并且取得大家的信任。在越来越强调信誉的社会，人品本身就是一种优势，是有价值的。孩子们在走过青春期之后，他们将确定自己的人生道路，无论选择是什么，有一个好人品，才可能最低成本地与其他人协作。如果人品不好，可能会在一段时间、一个小范围内占到便宜，但是负面信息一旦形成，扩散能力比正面信息要强大得多。当你的人品受到质疑时，凡是涉及合作的成本马上就会升高。我相信许多家长在职场上都有过不愿意或者拒绝与人品差的人合作的经历，即便是不得不合作，也会是各种约定、各种存档、各种确认，任何人提升了合作方的风险成本，最后都是要由自己来买单。

最后要培养孩子好的习惯。财富是可以消散的，成绩是阶段性的，只有习惯，才是伴随孩子永远的东西。好的习惯伴随他们一生，会给孩子带来各种好的运气和结果。我的一个朋友的孩子从小在父母身上学到了乐于助人的品质，同时又因为在国外求学养成了谨慎小心的习惯。曾经有一次她在国外机场换机，在确认对方确实需要帮助后，给予了一名转机的中国乘客很多帮助，同时拒绝了这个乘客当场送的礼物。那个乘客一定要留下朋友孩子的联系方式，并在孩子回国度假时特别邀请她全家吃饭。吃饭时受到帮助的人在我朋友夫妻面前对孩子赞不绝口，并不只因为孩子帮助了他，而是因为孩子在帮助他的同时既能够做到有礼貌，又能够保持足够的警惕。这个乘客是国内一家大企业的总裁，他当场给孩子提供了一个长期有效的录用通知书，欢迎她毕业后到自己的机构工作。当然，那个孩子有自己的职业计划，不过这充分说明了好的习惯即便是反射到别人的身上，也同样能够体现出它的珍贵。

最后一个字是"术"，技术的"术"，就是帮助孩子度过青春期的具体方法。

我在讲座的时候如果还有时间，通常会和家长们进行互动，回答他们关心的一些问题。其实，家长问我的都是"术"这个层面的问题。我会尽力回答这些问题，但是我讲的主要目的并不是让家长回去加工后讲给孩子听的。我的目的是让家长听完后，去反思一下，看看自己对待青春期孩子的态度、方法甚至方向有没有问题。如果没有问题，坚持住，别动摇；如果有问题，赶紧改，还来得及。

既然今天仍然提到了最后这个"术"字，我还是要讲讲自己的心得。

首先是时间，时间在哪里，成就就在哪里。多给青春期孩子一些陪伴的时间，仔细算算，父母陪伴孩子的时间其实很少。好的教练一定会把更多的时间花在他认为有潜力的选手身上，我坚信每个人身上都蕴藏着巨大的潜能，只是需要有正确的方法和足够的时间开发出来。

其次是高效利用陪伴孩子的时间。许多家长把精力和时间用于坐在孩子身边陪着他学功课，或者焦灼地四处求教，想一招致胜，解决所有问题。大家都是在职场里打拼了多年的人，应该知道这个世界上根本没有物美价廉的灵药能够解决非常重要的问题。自己孩子的问题指望靠其他人来解决，就好像自己部门的问题永远指望其他部门的负责人来解决一样。

在"术"上我想跟大家分享的最后一点是关于极限的，许多时候家长培养孩子是以自己的高度为限的。但是大家有没有发现，许多世界冠军并不是由曾经的世界冠军培养出来的。刘翔是110米栏中国第一个世界冠军，他的教练是谁？我相信许多人不一定知道，知道了也不一定能记住。因为这个教练并不是世界冠军，但他培养出了刘翔，这说明真正好的教练是要能够带领运动员超越教练自身的知识、技能和经验局限的。就好像我在第二章分享时提到的哈佛大学优秀毕

业生何江，他的启蒙教练是他的父母，虽然他的父母不具备帮助何江申请哈佛大学的能力，但是他们给予了何江在年少时就要去看看这个世界的强烈好奇心。凭借着这份好奇心，何江走出乡村，走出中国，走上了哈佛大学毕业典礼的讲台。所以，家长可以让孩子在看世界、看自己、看未来的同时告诉他们，其实他们可以看得比自己的父母更远，看得比自己的父母更深，看得比自己的父母更开阔。

我前面说过的道理虽然简单，但实际操作起来并不容易，理解并且接受"势""道""法""术"这四个字才能把转变的意识建立起来并且坚持下去。一个合格的教练不会在选手定下更高目标时，向他问东问西，而应尽量鼓励他朝着自己的目标奋进，为自己的决定负责。父母也应该是这样的。

帮助孩子搞清楚三个"W"

做什么事能让你最感兴趣、注意力最集中,不会感觉时间匆匆而过?做什么事最让你浮想联翩、天马行空,最终忘乎所以?别激动,只写三个,写出最先出现在你脑海当中的三个,按照先后顺序写在白纸上,这就是你最喜欢做的三件事。无论它们看起来有多么不靠谱,但是它们的确都是你喜欢做的事情,也可能就是你的梦想和今后人生奋斗的方向。

家长笔记：

7　帮助孩子搞清楚三个"W"

孩子笔记：

家长笔记:

7 帮助孩子搞清楚三个"W"

孩子笔记：

和孩子一起定制未来

相信许多家长自身就有体会，我们当中的许多人都是直到进入职场，才开始评估自己是否喜欢专业带给我们的工作，才会去想如果早几年有人能够给我们更系统的指导，可能职场通关之路会更加顺利。

曾经有一则新闻比较轰动，一名2013年考入清华大学的学生和一名2015年考入北大医学院的学生，退学后重新报考北京大学，就是为了选择自己热爱的专业。我非常钦佩这两个年轻人，但我也相信这个选择和决心的后面其实蕴藏着巨大的面对自己不喜欢的专业的痛苦。

那么，我们为什么要让自己的孩子去面对这种痛苦呢？我相信家长朋友们都不愿意，所以，我们应该从现在开始帮助他们寻找属于自己的那顶降落伞，并飘向自己的人生和职业目标。

如何进行职业生涯设计，让孩子找到属于自己的那顶降落伞？第一件事就是要帮助孩子搞清楚自己的三个"W"。

哪三个"W"？第一个"W"是WHAT——喜欢做什么；第二个"W"是WHO——喜欢跟谁在一起工作；第三个"W"是WHERE——喜欢在哪里工作。

WHAT——喜欢做什么

"无兴趣病"现在很流行，但是孩子们，那么"奢侈"的东西绝对不属于你。世俗的大门刚刚向你们打开，一切都才开始，种种新鲜的事情还有待发生，这时候如果没有兴趣的话，那可真有些遗憾。

所以，孩子到底真正喜欢做什么，需要家长认真分析。

我知道这对于家长和孩子来说，都是一个很困难的问题。因为从小到大孩子被问过无数次"作业做完了么？""这次考试得了多少分？""是上这个辅导班还是上那个辅导班？"（注意！没有人问"上不上"，而是"上哪个"，并且是在指定范围当中的"哪个"。）但是确实几乎没有人问过孩子我刚刚问过的问题。

那怎么办？我是这样启发孩子的——

做什么事能让你最感兴趣、注意力最集中，不会感觉时间匆匆而过？做什么事最让你浮想联翩、天马行空，最终忘乎所以？别激动，只写三个，写出最先出现在你脑海当中的三个，按照先后顺序写在白纸上，这就是你最喜欢做的三件事。无论它们看起来有多么不靠谱，但是它们的确都是你喜欢做的事情，也可能就是你的梦想和今后人生奋斗的方向。

无数的事例证明，只有一个人真心喜欢做一件事，才能把这件事做到最好。因为在做好一件事的路上会有各种困难让你放弃，比如经济上、精神上、生活上可能遇到的困难和挫折。连乔布斯这样的牛

人，都曾经被踢出他一手创建的苹果公司，并且在二次创业的初期在多个项目上受挫。究竟是什么能够支撑我们无视这些困难，继续做好自己应该做的事情？一个简单的动因就是因为我们在做自己喜欢的事情。喜欢这件事是成功车队的方向盘和加油站，有了它我们就不会迷失方向，就不会丧失一直向前的勇气。

WHO——喜欢跟谁一起工作

诸葛亮喜欢跟刘备在一起工作，对于曹操这种一肚子主意、自信心爆棚、被火烧了战船后逃命路上还在嘲笑别人骗他骗得不够周到的人，诸葛亮是不感兴趣的。而在刘备的团队里无论从知识结构、性格特点还是工作技能方面，诸葛亮都弥补了更酷爱冲锋陷阵的关羽、张飞、赵云这些粗人的缺陷，找到了适合自己的最佳位置。

而我们的孩子应该也有过其实对某件事并不感兴趣，但却愿意参与进来，只是因为里面有几个自己非常喜欢的人，或者干脆就是因为朋友要一起去做，于是自己也兴冲冲地去做的经历。那么请让孩子回忆一下，他喜欢这些人的原因，是因为他们有趣，还是因为他们具备某些特殊的才能？是他们为人比较可靠，还是他们充满了奇思妙想？是因为他们乐于助人，还是因为与他们在一起能够把一件事情做成功？不管是什么原因，将它们找出来。因为凡是拥有这些特质的人，我们的孩子与他们一起做任何事都会是一次愉快的经历。

WHERE——喜欢在哪里工作

喜欢在哪里工作不仅是喜欢在北京还是纽约的问题，还有喜欢在什么环境下工作的问题。国内还是国外？都市、小城镇还是乡村？沿海还是内陆？外地还是家乡？室外还是室内？是在一个地方经常待着，还是可以到处跑？是更多倾向于独立思考还是协调沟通？是嘈杂一些还是需要安静？机构是等级森严（政府部门和大型国有机构）还是轻松随意？大机构还是小单位……

看到了吧，就算我们的孩子是"身揣两元钱，心怀全世界"，这番选择过后，他的目标环境也会立刻浮现出来，而这些环境最终将决定他在哪里，也将决定他将来从事什么样的职业和过什么样的生活。

每个孩子都有自己的梦想和未来，成绩和名校不是终极目标，它们只是孩子实现梦想和人生目标的手段；找到最喜欢做的、最擅长做的、最默契的合作伙伴、最向往的生活方式、最适合的工作环境，并把它们完美地结合在一起，一顶属于孩子的降落伞就出现了！

降落伞是什么颜色其实不重要，重要的是，它一定要美丽又坚固，可以带领孩子到任何想去和应该去的地方。

让孩子珍惜时间，从珍惜自己的时间开始

　　所以，我的孩子知道珍惜时间是一种正确的生活方式，因为她看到了我是怎么做的，也深刻体会到了这么做的好处。既然如此，我们又何必庸人自扰？我们又何必操心太多？功课做在了平时和自身，比每天一边唠叨让孩子珍惜时间，一边自己各种浪费时间，效果要好上一万倍。

家长笔记：

孩子笔记:

家长笔记：

孩子笔记：

和孩子一起定制未来

作为家长,我也曾经担心孩子会在没有意义的事情上浪费时间。因为我的女儿要准备出国考试,有段时间她独自规划自己的日常安排,有点处于叛逆期的她坚决不让我们过问具体规划。每当我问今天怎么样,都做了什么,她都是拒绝的。问的次数多了,她不但不愿意回答,甚至开始反感我的唠叨。其实我也挺烦的,感觉自己就像那个不停重复同一句话的唐僧,而女儿则像总想摆脱金箍咒的美猴王。

有一天,我小心翼翼地问她,为什么她床头原来贴着的那个日程表不见了?那个日程表上面的计划甚至详细到每个小时做什么事情。她教训了我一番,说她们(可能是指她们这一代人)不用家长手把手教她们如何制订时间规划,确定好的事她们自己都会做。她认为日程表的关键不是制订计划,而是落实计划。

我想了想,觉得确实有道理,她几年前就已经会给自己做生日规划了。那时看着一群同学来找她出去看电影、聚餐,去游乐场玩,把我跟她妈妈扔在家里等着她回来切蛋糕,还真有点不适应。但是到了晚上,看着她开心地回来,叽叽喳喳地告诉她妈妈她们这一群孩子今天都玩了什么，我就只能惊叹她们的效率了。所以如果孩子真想让自己的时间更有效率，他们就一定会做到，关键在于他们为什么愿意主动规划自己的时间和是否能够落实。

我想这个关键无外乎两点，第一是乐趣，如果能够天天过生日，我相信孩子每天都能够做出最有效率的规划，并且保证一个月不会重样的；第二是习惯，习惯一旦养成，想改变也难，比如说如果有哪年的生日，我们像对待小学生一样让她在家里跟我们一起过生日，那她肯定会奋起斗争。

对于第二点，我有一点小心得，就是孩子的习惯养成跟父母有很大关系。一直以来我就有一个业余时间日程表，大概有许多人听说就嗤之以鼻了，业余时间要什么日程表？很多人认为业余时间就是用来休息的，甚至用来挥霍的，做日程干吗？做日程，业余时间就成了非业余时间了。不过我的业余时间确实是要做日程的。

比如我每天上下班，在地铁上都会用手机听从网上下载的各种在别人看起来乱七八糟、非常驳杂，在我看来有意思的东西。

周五下班后，我一般要规划周末的日程表。为了更加直观，我在书房放了一块很大的白板。从起床开始，我便规划好用来两天要做的事情，我把购物、健身、做家务、读书、工作的时间都清晰地列出来，包括用多长时间做三餐和吃饭，同时还会把可能出现的耽搁或者遗漏的时间都大致计算出来。周末，我按照规定时间起床，把日程表里列出的条目一样一样地做好，做好一样擦掉一样，有需

要与家人一起做的，就和家人一起把它去掉。有突然想起的事情，我会见缝插针地将其放进表里，或者取消掉某一件不重要的事情。周日晚上我心情愉快地把日程表最后一项擦掉，然后便可以开开心心地去睡觉了。

我做日程表的目的只想好好利用自己的业余时间，把业余时间过得专业一点，至少不要在工作日的晚上回到家除了看电视不知道自己还能做什么。我只想让自己在业余时间中多做一点对自己有益的事情，而不至于在周日临睡前想起一大堆该做的事情还没做，之后到了下个周末继续这个状态。我给自己规划的业余时间日程表确实带给我许多东西，这种把业余时间过得专业一点的小目标往往有些意外的收获。

比如说，在地铁上用手机听下载的各个方面的知识，使我的知识和思维体系不断更新、升级，更加贴近形势的发展和世界的变化，跟孩子聊天时不至于让她瞧不起。

比如说，规划好周末的时间，我就能够同时满足家人和自己的更多需求，从而达到一种平衡。

再比如说，这篇文章就是我利用休息时间写的。

再比如说，我的这些通过日程表规划得到的额外时间，可以将其看成是多出来的生命，让我觉得自己生活得格外踏实，也让我在孩子面前保持了从容不迫的状态。

所以，我的孩子知道珍惜时间是一种正确的生活方式，因为她看到了我是怎么做的，也深刻体会到了这么做的好处。既然如此，我们又何必庸人自扰？我们又何必操心太多？功课做在了平时和自身，比每天一边唠叨让孩子珍惜时间，一边自己各种浪费时间，效果要好上一万倍。

附录

职业类型

职业倾向测试

家长笔记：

附 录

孩子笔记：

家长笔记：

孩子笔记：

职业类型

类型	劳动者	职业
实践型R	①愿意使用工具从事操作性工作； ②动手能力强，做事手脚灵活，动作协调； ③不善言辞，不善交际。	主要是指各类工程技术工作、农业工作。通常需要一定体力，需要运用工具或操作机器。主要职业有：工程师、技术员；机械操作、维修、安装工人，矿工、木工、电工、鞋匠；司机，测绘员、描图员；农民、牧民、渔民等。
艺术型A	①喜欢以各种艺术形式的创作来表现自己的才能，实现自身的价值； ②具有特殊的艺术才能和个性； ③乐于创造新颖的、与众不同的艺术成果，渴望表现自己。	主要是指各类艺术创作工作。主要职业：音乐、舞蹈、戏剧等方面的演员，艺术家，编导，教师；文学、艺术方面的评论员；广播节目的主持人、编辑、作者；画家、书法家、摄影家；家具、珠宝、房屋装饰等行业的设计师等。
调研型I	①抽象思维能力强，求知欲强，肯动脑，善思考，不愿动手； ②喜欢独立的和富有创造性的工作； ③知识渊博，有学识才能，不善于领导他人。	主要是指科学研究和科学实验工作。主要职业：自然科学和社会科学方面的研究人员、专家；化学、冶金、电子、无线电、电视、飞机等方面的工程师、技术人员；飞机驾驶员、计算机操作员等。

续表

类型	劳动者	职业
社会型S	①喜欢从事为他人服务和教育他人的工作; ②喜欢参与解决人们共同关心的社会问题,渴望发挥自己的社会作用; ③比较看重社会义务和社会道德。	主要是指各种直接为他人服务的工作,如医疗服务、教育服务、生活服务等。主要职业:教师、保育员、行政人员;医护人员;衣食住行服务行业的经理、管理人员和服务人员;福利人员等。
企业型E	①精力充沛、自信、善交际,具有领导才能; ②喜欢竞争,敢冒风险; ③喜爱权力、地位和物质财富。	主要是指那些组织与影响他人共同完成组织目标的工作。主要职业:经理、企业家、政府官员、商人、行业部门和单位的领导者、管理者等。
常规型C	①喜欢按计划办事,习惯接受他人指挥和领导,自己不谋求领导职务; ②不喜欢冒险和竞争; ③工作踏实,忠诚可靠,遵守纪律。	主要是指各类与文件档案、图书资料、统计报表之类相关的科室工作。主要职业:会计、出纳、统计人员;打字员;办公室人员;秘书和文书;图书管理员;旅游人员、外贸职员、保管员、邮递员、审计人员、人事职员等。

和孩子一起定制未来

职业倾向测试

本测验共有四个部分,每部分测验都没有时间限制,请您按说明完成。

第一部分　您所感兴趣的活动

下面列举了若干种活动,请就这些活动判断你的好恶。喜欢的,请在"是"栏里打"√",不喜欢的,请在"否"栏里打"×"。请按顺序回答全部问题。

R:实践型活动　　　　　　　　　　　　　　是　否

1. 装配修理电器或玩具　　　　　　　　　____ ____

2. 修理自行车　　　　　　　　　　　　　____ ____

3. 用木头做东西　　　　　　　　　　　　____ ____

4. 开汽车或摩托车　　　　　　　　　　　____ ____

5. 用机器做东西　　　　　　　　　　　　____ ____

6. 参加木工技术学习班　　　　　　　　　____ ____

7. 参加制图描图学习班　　　　　　　　　____ ____

8. 驾驶卡车或拖拉机　　　　　　　　　　____ ____

9. 参加机械和电气学习班　　　　　　　　____ ____

10. 装配修理机器　　　　　　　　　　　 ____ ____

统计"是"一栏得分计 _____

A：艺术型活动 是 否

1. 素描／制图或绘画 _____ _____

2. 参加话剧／戏曲 _____ _____

3. 设计家具／布置室内 _____ _____

4. 练习乐器／参加乐队 _____ _____

5. 欣赏音乐或戏剧 _____ _____

6. 看小说／读剧本 _____ _____

7. 从事摄影创作 _____ _____

8. 写诗或吟诗 _____ _____

9. 参加艺术（美术／音乐）培训班 _____ _____

10. 练习书法 _____ _____

统计"是"一栏得分计 _____

I：调研型活动 是 否

1. 读科技图书和杂志 _____ _____

2. 在实验室工作 _____ _____

3. 改良水果品种，培育新的水果 _____ _____

4. 调查了解土和金属等物质的成分 _____ _____

5. 研究自己选择的特殊问题 _____ _____

6. 解算术或数学游戏 _____ _____

7. 物理课　　　　　　　　　　　　　　　　　　＿＿＿　＿＿＿

8. 化学课　　　　　　　　　　　　　　　　　　＿＿＿　＿＿＿

9. 几何课　　　　　　　　　　　　　　　　　　＿＿＿　＿＿＿

10. 生物课　　　　　　　　　　　　　　　　　　＿＿＿　＿＿＿

　　　　　　　　　　　　　　　　　　统计"是"一栏得分计 ＿＿＿

S：社会型活动　　　　　　　　　　　　　　　　是　　否

1. 学校或单位组织的正式活动　　　　　　　　　＿＿＿　＿＿＿

2. 参加某个社会团体或俱乐部活动　　　　　　　＿＿＿　＿＿＿

3. 帮助别人解决困难　　　　　　　　　　　　　＿＿＿　＿＿＿

4. 照顾儿童　　　　　　　　　　　　　　　　　＿＿＿　＿＿＿

5. 出席晚会、联欢会、茶话会　　　　　　　　　＿＿＿　＿＿＿

6. 和大家一起出去郊游　　　　　　　　　　　　＿＿＿　＿＿＿

7. 想获得关于心理方面的知识　　　　　　　　　＿＿＿　＿＿＿

8. 参加讲座或辩论会　　　　　　　　　　　　　＿＿＿　＿＿＿

9. 观看或参加体育比赛和运动会　　　　　　　　＿＿＿　＿＿＿

10. 结交新朋友　　　　　　　　　　　　　　　　＿＿＿　＿＿＿

　　　　　　　　　　　　　　　　　　统计"是"一栏得分计 ＿＿＿

E：企业型（事业型）活动　　　　　　　　　　　是　　否

1. 说服鼓动他人　　　　　　　　　　　　　　　＿＿＿　＿＿＿

2. 卖东西

3. 谈论政治

4. 制订计划、参加会议

5. 以自己的意志影响别人的行为

6. 在社会团体中担任职务

7. 检查与评价别人的工作

8. 结交名流

9. 指导有某种目标的团体

10. 参与政治活动

统计"是"一栏得分计 _____

C：常规型（传统型）活动　　　　　　　　　是　　否

1. 整理好桌面和房间

2. 抄写文件和信件

3. 为领导写报告或公务信函

4. 检查个人的收支情况

5. 参加打字培训班

6. 参加算盘、文秘等实务培训

7. 参加商业会计培训班

8. 参加情报处理培训班

9. 整理信件、报告、记录等

10. 写商业贸易信　　　　　　　　　　　　　　　_____　_____

　　　　　　　　　　　　统计"是"一栏得分计 _____

第二部分　您所擅长或胜任的活动

下面列举了若干种活动，其中你能做或大概能做的事，请在"是"栏里打"√"；反之，在"否"栏里打"×"。请回答全部问题。

R：实践型能力　　　　　　　　　　　　　　　是　　否

1. 能使用电锯、电钻和锉刀等木工工具　　　　_____　_____

2. 知道万用表的使用方法　　　　　　　　　　_____　_____

3. 能够修理自行车或其他机械　　　　　　　　_____　_____

4. 能够使用电钻床、磨床或缝纫机　　　　　　_____　_____

5. 能给家具和木制品刷漆　　　　　　　　　　_____　_____

6. 能看建筑设计图　　　　　　　　　　　　　_____　_____

7. 能够修理简单的电气用品　　　　　　　　　_____　_____

8. 能修理家具　　　　　　　　　　　　　　　_____　_____

9. 能修收录机　　　　　　　　　　　　　　　_____　_____

10. 能简单地修理水管　　　　　　　　　　　_____　_____

　　　　　　　　　　　　统计"是"一栏得分计_____

A：艺术型能力　　　　　　　　　　　　　　是　　否

1. 能演奏乐器　　　　　　　　　　　　　　　_____　_____

2. 能参加四部合唱　　　　　　　　　　____　____

3. 独唱或独奏　　　　　　　　　　　　____　____

4. 扮演剧中角色　　　　　　　　　　　____　____

5. 能创作简单的乐曲　　　　　　　　　____　____

6. 会跳舞　　　　　　　　　　　　　　____　____

7. 绘画、素描或书法　　　　　　　　　____　____

8. 雕刻、剪纸或泥塑　　　　　　　　　____　____

9. 能设计板报、服装或家具　　　　　　____　____

10. 写得一手好文章　　　　　　　　　　____　____

　　　　　　　　　　　　统计"是"一栏得分计 ____

I：调研型能力　　　　　　　　　　　　是　　否

1. 懂得真空管或晶体管的作用　　　　　____　____

2. 能够列举三种蛋白质多的食品　　　　____　____

3. 理解铀的裂变　　　　　　　　　　　____　____

4. 能用计算尺、计算器、对数表　　　　____　____

5. 会使用显微镜　　　　　　　　　　　____　____

6. 能找到三个星座　　　　　　　　　　____　____

7. 能独立进行调查研究　　　　　　　　____　____

8. 能解释简单的化学　　　　　　　　　____　____

9. 理解人造卫星为什么不落地　　　　　____　____

10. 经常参加学术会议　　　　　　　　　　　　　____　____

　　　　　　　　　　　　　统计"是"一栏得分计 ____

S：社会型能力　　　　　　　　　　　　　是　　否

1. 有向各种人说明解释的能力　　　　　　　____　____

2. 常参加社会福利活动　　　　　　　　　　____　____

3. 能和大家一起相处融洽地工作　　　　　　____　____

4. 善于与年长者相处　　　　　　　　　　　____　____

5. 会邀请人、招待人　　　　　　　　　　　____　____

6. 能简单易懂地教育儿童　　　　　　　　　____　____

7. 能安排会议等活动顺序　　　　　　　　　____　____

8. 善于体察人心和帮助他人　　　　　　　　____　____

9. 能帮助护理病人和伤员　　　　　　　　　____　____

10. 安排社团组织的各种事务　　　　　　　 ____　____

　　　　　　　　　　　　　统计"是"一栏得分计 ____

E：企业型能力　　　　　　　　　　　　　是　　否

1. 担任过学生干部并且干得不错　　　　　　____　____

2. 工作上能指导和监督他人　　　　　　　　____　____

3. 做事充满活力和热情　　　　　　　　　　____　____

4. 有效利用自身的做法调动他人　　　　　　____　____

5. 销售能力强 　　　　　　　　　　　　　 _____ _____

6. 曾作为俱乐部或社团的负责人　　　　　 _____ _____

7. 向领导提出建议或反映意见　　　　　　 _____ _____

8. 有开创事业的能力　　　　　　　　　　 _____ _____

9. 知道怎样做能成为一个优秀的领导者　　 _____ _____

10. 健谈善辩　　　　　　　　　　　　　　 _____ _____

　　　　　　　　　　　　　统计"是"一栏得分计 _____

C：常规型能力　　　　　　　　　　　　　　是　　否

1. 会熟练地输入中文　　　　　　　　　　 _____ _____

2. 会用外文打字机或复印机　　　　　　　 _____ _____

3. 能快速记笔记和抄写文章　　　　　　　 _____ _____

4. 善于整理保管文件和资料　　　　　　　 _____ _____

5. 善于从事事务性的工作　　　　　　　　 _____ _____

6. 会用算盘　　　　　　　　　　　　　　 _____ _____

7. 能在短时间内分类和处理大量文件　　　 _____ _____

8. 能使用计算机　　　　　　　　　　　　 _____ _____

9. 能搜集数据　　　　　　　　　　　　　 _____ _____

10. 善于为自己或集体做财务预算表　　　　 _____ _____

　　　　　　　　　　　　　统计"是"一栏得分计 _____

第三部分 您所喜欢的职业

下面列举了多种职业,请逐一认真地看,如果是你感兴趣的工作,请在"是"栏里打"√";如果是你不太喜欢、不关心的工作,请在"否"栏里打"×"。请全部作答。

R:实践型职业　　　　　　　　　　　　　　是　　否

1. 飞机机械师　　　　　　　　　　　　　____　____

2. 野生动物专家　　　　　　　　　　　　____　____

3. 汽车维修工　　　　　　　　　　　　　____　____

4. 木匠　　　　　　　　　　　　　　　　____　____

5. 测量工程师　　　　　　　　　　　　　____　____

6. 无线电报务员　　　　　　　　　　　　____　____

7. 园艺师　　　　　　　　　　　　　　　____　____

8. 长途公共汽车司机　　　　　　　　　　____　____

9. 火车司机　　　　　　　　　　　　　　____　____

10. 电工　　　　　　　　　　　　　　　 ____　____

　　　　　　　　　　　　统计"是"一栏得分计 ____

I:调研型职业　　　　　　　　　　　　　　是　　否

1. 气象学或天文学者　　　　　　　　　　____　____

2. 生物学者　　　　　　　　　　　　　　____　____

3. 医学实验室的技术人员　　　　　　　　____　____

4. 人类学者　　　　　　　　　　　　　　_____

5. 动物学者　　　　　　　　　　　　　　_____

6. 化学者　　　　　　　　　　　　　　　_____

7. 数学者　　　　　　　　　　　　　　　_____

8. 科学杂志的编辑或作家　　　　　　　　_____

9. 地质学者　　　　　　　　　　　　　　_____

10. 物理学者　　　　　　　　　　　　　_____

　　　　　　　　　　　统计"是"一栏得分计 _____

A：艺术型职业　　　　　　　　　　　是　　否

1. 乐队指挥　　　　　　　　　　　　_____　_____

2. 演奏家　　　　　　　　　　　　　_____　_____

3. 作家　　　　　　　　　　　　　　_____　_____

4. 摄影家　　　　　　　　　　　　　_____　_____

5. 记者　　　　　　　　　　　　　　_____　_____

6. 画家、书法家　　　　　　　　　　_____　_____

7. 歌唱家　　　　　　　　　　　　　_____　_____

8. 作曲家　　　　　　　　　　　　　_____　_____

9. 电影电视演员　　　　　　　　　　_____　_____

10. 节目主持人　　　　　　　　　　 _____　_____

　　　　　　　　　统计"是"一栏得分计 _____

S：社会型职业　　　　　　　　　　　　　　是　　否

1. 街道、工会或妇联干部　　　　　　　　＿＿＿　＿＿＿

2. 小学、中学教师　　　　　　　　　　　＿＿＿　＿＿＿

3. 精神病医生　　　　　　　　　　　　　＿＿＿　＿＿＿

4. 婚姻介绍所的工作人员　　　　　　　　＿＿＿　＿＿＿

5. 体育教练　　　　　　　　　　　　　　＿＿＿　＿＿＿

6. 福利机构负责人　　　　　　　　　　　＿＿＿　＿＿＿

7. 心理咨询员　　　　　　　　　　　　　＿＿＿　＿＿＿

8. 共青团干部　　　　　　　　　　　　　＿＿＿　＿＿＿

9. 导游　　　　　　　　　　　　　　　　＿＿＿　＿＿＿

10. 国家机关工作人员　　　　　　　　　　＿＿＿　＿＿＿

　　　　　　　　　　　　统计"是"一栏得分计 ＿＿＿

E：企业型职业　　　　　　　　　　　　　　是　　否

1. 厂长　　　　　　　　　　　　　　　　＿＿＿　＿＿＿

2. 电视片编制人　　　　　　　　　　　　＿＿＿　＿＿＿

3. 公司经理　　　　　　　　　　　　　　＿＿＿　＿＿＿

4. 销售员　　　　　　　　　　　　　　　＿＿＿　＿＿＿

5. 不动产推销员　　　　　　　　　　　　＿＿＿　＿＿＿

6. 广告部经理　　　　　　　　　　　　　＿＿＿　＿＿＿

7. 体育活动主办者　　　　　　　　　　_____　_____

8. 销售部经理　　　　　　　　　　　　_____　_____

9. 个体工商业者　　　　　　　　　　　_____　_____

10. 企业管理咨询人员　　　　　　　　_____　_____

　　　　　　　　　　统计"是"一栏得分计 _____

C：常规型职业　　　　　　　　　　　　是　　　否

1. 会计师　　　　　　　　　　　　　　_____　_____

2. 银行出纳员　　　　　　　　　　　　_____　_____

3. 税收管理员　　　　　　　　　　　　_____　_____

4. 计算机操作员　　　　　　　　　　　_____　_____

5. 簿记人员　　　　　　　　　　　　　_____　_____

6. 成本核算员　　　　　　　　　　　　_____　_____

7. 文书档案管理员　　　　　　　　　　_____　_____

8. 打字员　　　　　　　　　　　　　　_____　_____

9. 法庭书记员　　　　　　　　　　　　_____　_____

10. 人口普查登记员　　　　　　　　　_____　_____

　　　　　　　　　　统计"是"一栏得分计 _____

第四部分　您的能力类型简评

　　下面两张表是您在6个职业能力方面的自我评定表。您可以先与

同龄者比较出自己在每一方面的能力,然后经斟酌后对自己的能力作出评价。请在表中适当的数字上画圈。数字越大,表示你的能力越强。请勿全部画同样的数字,因为人的每项能力不可能完全一样。

表A

R型	A型	I型	S型	E型	C型
机械操作能力	艺术创作能力	科学研究能力	解释表达能力	商业洽谈能力	事务执行能力
7	7	7	7	7	7
6	6	6	6	6	6
5	5	5	5	5	5
4	4	4	4	4	4
3	3	3	3	3	3
2	2	2	2	2	2
1	1	1	1	1	1

表B

R型	A型	I型	S型	E型	C型
体力技能	音乐技能	数学技能	交际技能	领导技能	办公技能
7	7	7	7	7	7
6	6	6	6	6	6
5	5	5	5	5	5
4	4	4	4	4	4
3	3	3	3	3	3
2	2	2	2	2	2
1	1	1	1	1	1

统计和确定您的职业倾向:请将第一部分至第四部分的全部测验分数按前面已统计好的6种职业倾向(R型、I型、A型、S型、E型和C型)得分填入下表,并作纵向累加。

测试	R型	A型	I型	S型	E型	C型
第一部分						
第二部分						
第三部分						
第四部分						
总分						

请将上表中的6种职业倾向总分按大小顺序依次从左到右排列：
_____型、_____型、_____型、_____型、_____型、_____型。

您的职业倾向性得分：最高分 _____ 最低分 _____

后　记

　　公元1389年中国绘制了一幅世界地图，叫做《大明混一图》，里面绘制了大片土地，线路清晰，标记精准，除了尚未被发现的美洲和大洋洲，大千世界尽在其中，它是绝对的国宝中的国宝，现存于中国第一历史档案馆中。

　　公元1459年，也就是《大明混一图》出现70年后，欧洲人也绘制了一幅世界地图，这幅地图上所有地方都被标出了名字，跟中国一样，欧洲人似乎也完成了对整个地球表面的认知，这就是为什么1492年10月12日当哥伦布来到美洲时，他坚信自己发现了印度，并且把这个信仰坚持到死的那一天。

　　两幅图除了制作年代不同之外，主要的区别是中国的世界地图按照天圆地方的哲学思想将其画成了长方形，而欧洲的世界地图则根据当时他们拥有的知识将其画成了圆形。中国的世界地图更加精细，连非洲南部的好望角都被勾画了出来，海陆线条精美，一目了然，以至于这幅图到了清代仍然被沿用，清宫廷特别将图内全部汉字地名按等级贴以大小不同的满文标签。

　　然而早在清朝建立一百多年前，欧洲人所绘的世界地图发生了

后记

一个巨大的变化。图中出现了大量的空白,这给人类的好奇心留出了一个巨大的空间。"那里究竟有什么?"这个问题开启了人类历史上著名的时代——"大航海"时代。

当人们认为自己已经知道一切的时候,则意味着他们再也无法前进;而当人们承认自己不知道时,他们才会前赴后继地去探索,哪怕这个探索的代价是无数辛苦、危险和牺牲。

父母对青春期孩子的了解也是这样,如果我们觉得这个孩子是我们从小养大的,无论什么时候都会对他们了如指掌,同时又能够充分控制,那只能说明我们太过自负了,就好像1389年的明朝人和1459年的欧洲人以为自己了解了全世界一样。只有当我们开始承认自己"不知道",开始抱着探索的态度去与他们一起看世界、看自己、看未来,当他们的教练,与他们一起去体验,我们才可能真正了解他们,并且帮到他们。

放下傲慢,才能因为信任孩子而成为孩子信任的人!

放下身段,才能因为尊重孩子而成为孩子尊敬的人!

放下长辈包袱,才能因为与孩子共情而成为孩子愿意一吐心声的对象!

拾起对生活的热情,才能让孩子明白激情是人生当中重要的部分!

担当起家人的责任,才能让孩子明白承担责任是他们成长中所

必须经历的!

表现对家庭的爱,才能让孩子明白这个世界上最有价值、最可延续的是情感!

感谢所有曾经向我提出问题的人们,这些问题给予我广泛深入思考的机会;感谢新航道教育集团和家庭教育研究院给予的众多与学生、家长互动的机会,让本书思路逐步清晰;感谢我的家人,你们为我的付出和给予我的爱永远是我奋斗的源泉,这个源泉永不枯竭,我的脚步也同样会永不停止。

立体阅读

《和孩子一起定制未来》

"如何提升社会竞争力"微课随时听

音频小课

在线提问，获得专属职业规划难题解答

精讲视频

问吧精选

"应对青春期熊孩子的'六脉神剑'"视频课，提升陪伴技能

全国巡讲

获取最新讲座资讯，还有机会获赠签名版图书

如果你想读懂、读透这本书，与作者杨明老师深入交流育儿经验，请关注"向日葵国际教育"微信公众号。回复**"定制未来"**获取立体阅读服务。

详情咨询：向日葵管家（微信号：xhdjtjy）
邮　　箱：nc-jtjy@xhd.cn

向日葵国际教育——培养具有全球胜任力的中国青少年